schlauzwerge

plappern
fragen
erzählen

# Inhalt

# Einleitung

## SPRACHFREUNDLICHE RÄUME FÜR DIE JÜNGSTEN

### Raumgestaltung

Für die sprachliche Entwicklung brauchen Kleinstkinder eine ruhige Umgebung, denn nur so können sie gut zuhören, selber sprechen und von anderen verstanden werden. Krippengruppen sind von Natur aus meist leiser als altersgemischte Kita-Gruppen. Trotzdem ist es sinnvoll, im Einzelfall zusätzlich auf Lärmschutz zu achten (evtl. Lärmschutzdecken einbauen).
Beim Innenausbau und bei der Einrichtung sollten Planer möglichst auf lackierte Flächen (auf Wänden und Schränken) verzichten, denn diese fördern den Schall. Besser sind Raufasertapeten und Möbel aus Naturholz. Auch dichte Vorhänge, Kissen, Matratzen, Teppiche, Raumteiler und Nischen können den Schall dämpfen.
Gestalten Sie den Gruppenraum so, dass er Geborgenheit vermittelt und Rückzugsmöglichkeiten ermöglicht, aber andererseits auch genügend Freiräume für Bewegung offen lässt.
Schaffen Sie einen „Raum im Raum“, d.h. abgegrenzte Spielecken (z.B. zum Malen, Experimentieren, Rollenspiel, Entspannen, Essen usw.) und wenn möglich Podest-Landschaften, die vom Boden ausgehen und in die Höhe wachsen. Dabei ist zu beachten, dass jüngere Kinder „raumübergreifend“ spielen, d.h. eine klare Trennung von Ecken und Nischen im Spiel immer wieder aufheben, Materialien herumtragen, mischen und kombinieren. Variable Einrichtungsgegenstände (Raumteiler auf Rollen, Podeste, Kisten, Hocker usw.) regen zum Schieben und Umbauen an.

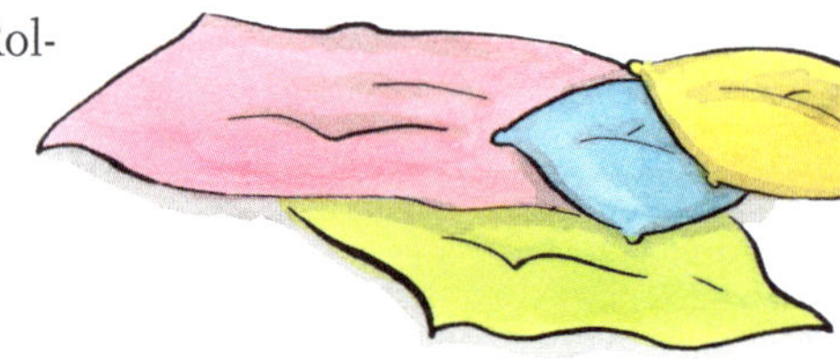

Im Hinblick auf die Förderung von Sprache und Kommunikation sind folgende Merkmale von Bedeutung:

- Gestalten Sie Gruppenraum, Halle, Nebenraum und Außengelände bewegungsfreundlich, indem Sie vielseitige Möglichkeiten zum Klettern, Rutschen, Schaukeln und Balancieren bieten.
- Richten Sie Nischen für „Als-ob-Spiele“ und „Rollenspiele“ ein (Mutter-Kind-, Kochen-, Verkaufen-Spiele usw.), denn hier treten Kinder im Spiel miteinander in Kontakt, ahmen nach, verständigen sich über Körpersprache und tauschen erste Wörter aus.
- Gestalten Sie einen Bereich als Bücherecke mit „Lesesofa“, Matten oder Polstern, Bücherregal und Bücherkisten zur ersten Begegnung mit Literatur.
- Eine gemütliche Kuschelecke mit Matten und Kissen und ein abgeschirmter Platz zum Wickeln fördern „Eins-zu-Eins-Situationen“, in denen Gespräche zwischen Kind und Bezugsperson oder zwischen Kindern untereinander entstehen können.
- Ein separater Essbereich – mit Hockern und Bänkchen, niedrigen Kindertischen, harmonischen Farben, Tageslicht und ansprechender Tischdekoration – schafft ein „Wohlfühl-Gefühl“ beim Essen und fördert kleine Tischgespräche in einer kommunikativen Atmosphäre.
- Wandspiegel regen die Selbst- und Fremdbeobachtung an, fordern dazu auf, sich mit sich selbst und anderen über Gesten, Gebärden, Gesichtsausdruck zu verständigen.

## Materialien – die Grundausstattung

Achten Sie darauf, dass Gegenstände und Materialien für kleine Kinder gut handhabbar sind, dass sie klare Formen aufweisen und unterschiedliche Berührungsqualitäten besitzen (z. B. hart – weich, rau – glatt usw.). Symbole oder Fotos an Wänden, Garderobe und Spielzeug-Kisten schaffen eine übersichtliche Struktur im Raum, fördern Wahrnehmung, Erinnerung, Zuordnung, Symbolverständnis und Begriffsbildung. Sinnvoll sind folgende Materialien:

**Alltagsmaterialien**

- Kochtöpfe, Schüsseln, Kellen, Schneebesen, Dosen
- Haltbare Lebensmittel (z. B. Nudeln, Reis, Bohnen)
- Telefon
- Kasse, Geldkassette
- Computertastatur, Kassettenrekorder
- Kleidungsstücke, Taschen, Ketten, Tücher, Hüte
- Wecker, Spieluhr
- Tücher
- Luftballons
- Watte, Federn
- Strohhalme
- Luftrüssel
- Heulschläuche
- Windmühlen

**Medien**

- CD-Spieler
- Musik-CDs
- Bilderbücher, Märchenbücher, Tastbücher
- Wandposter
- Fotos der Kinder
- Eingeschweißte Kalenderblätter / Bilder in durchsichtigen Prospekthüllen

**Instrumente**

- Handtrommeln
- Klanghölzer
- Schellenbänder
- Holzblocktrommeln
- Triangeln
- Cymbeln
- Geräuschdosen
- Flöten

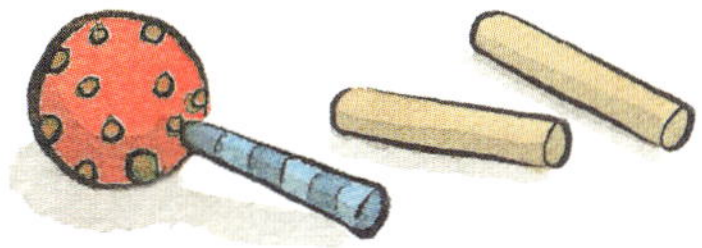

**Spielelemente**

- Farben Würfeln
- Bilderlotto
- Memory
- Puzzle
- Weiche, handliche Spielpuppen, Kuscheltiere
- Miniatur-Tiere
- Fingerpuppen, Handpuppen, Tütenkasper
- Tastkissen
- Sand- und Wasserspieltisch

**Zubehör**

- Fingerfarben
- Papier
- Dicke Pinsel
- Ton
- Baumscheiben, Holzbausteine
- Naturmaterialien (z. B. Kastanien, Muscheln, Tannenzapfen, Steine usw.)

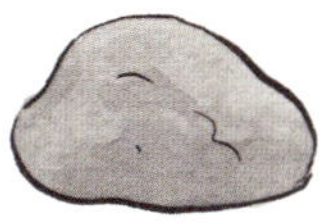

# SPRACHENTWICKLUNG IN DEN ERSTEN DREI LEBENSJAHREN

Jedes Kind ist genetisch auf Sprache angelegt. In einer emotional ansprechenden, anregenden Umgebung gelingt daher der Spracherwerb in den meisten Fällen fast beiläufig im Alltag.
Kinder brauchen deshalb auch keinen „Sprechunterricht". Aufmerksam hören sie sich in die Sprachmelodie (Prosodie) ihrer Umgebungssprache ein. Aus einem permanenten, zunächst unverständlichen „Wortsalat" filtern sie einzelne Laute, Signalwörter und Strukturen heraus. Durch Nachahmen und Üben entwickelt sich Sprache.

**Im ersten Lebensjahr**

Die Sprachentwicklung beginnt mit dem Schreien und einfachen Lautäußerungen (Gurrlaute, Quietschen, Kreischen, Flüstern, Glucksen, Juchzen...). Etwa vom zweiten bzw. dritten Monat an produzieren Kinder rhythmische Lautketten (bababa, dadada, gegege ...). Gesunde Kinder „erzählen", wenn sie sich entspannt fühlen. Sie reihen alle Vokale und Konsonanten, die sie kennen, bunt aneinander bzw. bilden Doppelsilben (ma-ma, pa-pa, wa-wa), die allerdings noch keine Wortbedeutung im eigentlichen Sinne haben.
Außerdem können die Kinder bereits:

- auf den eigenen Namen reagieren,
- auf Aufforderungen reagieren („Komm her"),
- Gesten nachahmen (z. B. „Winke-winke"),
- auf einen Gegenstand zeigen, den sie haben möchten (Zeigegesten),
- Zustimmung oder Ablehnung durch Nicken bzw. Kopfschütteln ausdrücken.

Gegen Ende des ersten Lebensjahres begreifen Kinder, dass Wörter für etwas stehen, dass sie einen Sinn haben. Aus Lallen wird Sprache, wenn das Kind eine Verbindung zwischen Wort und Inhalt herstellt.

**Im zweiten Lebensjahr**

Zunächst gebrauchen Kinder nur wenige Wörter/Substantive („Einwortsatz"). Manche Wörter werden für mehrere ähnliche Dinge eingesetzt. So steht „Wau-wau" z. B. sowohl für einen Hund als auch für eine Katze oder ein Pferd. Kleinkinder vereinfachen alterstypisch (z. B. „Lade" für Schokolade), lassen Laute aus („Löffe" für Löffel), verdoppeln Silben („Baba" für Ball) oder ersetzen Laute ( „Tu" für Schuh). Zwischen 1½ und 2 Jahren treten zunehmend Zweitwortäußerungen auf: „Mama ahm" (Mama, ich möchte auf den Arm), „Ball da" (der Ball liegt da).
Kleine Kinder sprechen zunächst vorwiegend Laute, die im vorderen Mundbereich gebildet werden (m, b, p, d, t, n, l ...). Später produzieren sie Laute, die weiter hinten entstehen (k, g ...) und zum Schluss – manchmal erst gegen Ende der Kindergartenzeit – werden Zischlaute (s, z ...) gebildet. Jetzt treten auch Negationen („Nicht schlafen") und erste Fragen auf, z. B.: „Is das?" (erstes Fragealter).

**Im dritten Lebensjahr**

Etwa im dritten Jahr sprechen Kinder Mehrwortsätze mit drei und mehr Wörtern. Die Sprache ist insgesamt noch telegrammstilartig. Es wird nur das Wichtige mitgeteilt. Mehrwortsätze weisen zunehmend grammatische Strukturen mit Subjekt, Prädikat, Objekt auf. Die Wortstellung weicht jedoch von der Sprache der Erwachsenen ab („Nane, gib mir", ...).
Es beginnt die Übergeneralisierung (Verallgemeinerung) grammatikalischer Regeln („ich denkte" statt ich dachte, „ausgeslaft" statt ausgeschlafen). Dabei zeigen Kinder, dass sie eigentlich grammatikalische Prinzipien verstanden haben.

Nun äußern viele Kinder auch erste Artikel (der, die, das), Personalpronomen (ich, du) – manche nennen sich selbst noch beim Vornamen –, Präpositionen (in, auf, unter), Adverbien (da, hier) und Possessivpronomen (mein, dein).

**Individuelles Tempo**

Manche Kinder sind ausgesprochen sprechfreudig und besitzen schon früh einen beachtlichen Wortschatz. Andere hingegen beginnen spät mit dem Sprechen bzw. artikulieren undeutlich oder verfügen nur über wenige Worte. Mit 1,5 bis 2 Jahren beherrschen die meisten Kinder 50 Wörter und mehr. Kinder, die diese „magische 50-Wörter-Grenze" nicht erreichen, werden oft als „late talker" bezeichnet.

# TIPPS FÜR MEHR SPRACHE IM ALLTAG MIT KINDERN

Sprechen Sie mit Kindern von Anfang an, auch mit Babys. Kleine Kinder sollten „in Sprache baden". Reden Sie möglichst in vollständigen, grammatikalisch richtigen und kurzen Sätzen. Wählen Sie die Worte nach dem Verständnis des Kindes, ohne Verkürzungen oder Verniedlichungen zu gebrauchen. Sprechen Sie langsam und deutlich.
Versprachlichen Sie alltägliche Handlungen (z. B.: „Jetzt decken wir den Tisch."). Durch Bilder und praktisches Tun prägen sich Wörter und Sätze besser ein. Natürlich müssen Sie nicht ununterbrochen alles kommentieren. Wenn Sie hin und wieder still beobachten und die Kinder „plappern" lassen, gewinnen Sie wichtige Informationen über den Entwicklungsstand jedes einzelnen Kindes.

**Richtig und falsch**
Vermeiden Sie es, Kinder direkt auf sprachliche Fehler hinzuweisen. Wiederholen Sie das, was das Kind gesagt hat, in korrekter Form. Zum Beispiel: „Mimi haben", sagt das Kind und deutet auf die Milch. Die Erzieherin wiederholt: „Du möchtest die Milch haben? Bitte schön!"

Hören Sie mit Geduld und Ruhe zu, besonders bei stillen und zurückhaltenden Kindern. Sie benötigen oft Zeit, bis sie ein Wort oder einen Satz „über die Lippen gebracht haben". Versuchen Sie nicht, die Gruppe mit Ihrer Stimme lautstark zu übertönen, wenn der Geräuschpegel ansteigt. Manchmal ist es besser, betont leise zu sprechen bzw. ein akustisches Signal (Gong, Spieluhr) zu verwenden, damit die Kinder leiser werden und zuhören. Beantworten Sie alle Fragen der Kinder kurz und deutlich. Stellen Sie selbst Fragen, ohne den Kindern die Antwort in den Mund zu legen und sie zum Reden zu drängen.
Mit Hilfe von Beobachtungs- und Reflektionsbögen und mit Hilfe von Filmen und Tonaufzeichnungen können Sie die sprachliche Entwicklung der Kinder und Ihr eigenes Verhalten dokumentieren und reflektieren.
Ich wünsche allen Kindern, Eltern und Pädagogen Spaß und Spielfreude und entspannende Momente, um gemeinsam die Welt der Sprache zu entdecken und zu gestalten.

*Brigitte Wilmes-Mielenhausen*

# Der ganze Körper spricht

## MIMIK, GESTIK, STIMME UND GEFÜHLE

Frühe Spracherfahrungen verknüpfen sich mit Alltagssituationen der Versorgung und Pflege und mit der Beziehung zu Mutter, Vater und Erziehern. Dabei ist nonverbale Kommunikation bei Kleinkindern lange Zeit vorherrschend. Das Kind spricht über seinen Körper mit Mimik, Gestik, Körperhaltung, Körperspannung, Klang der Stimme, aber auch über Schweigen.

## Halli-Hallo

Lagern Sie das Baby so, dass es die anderen Kinder beim Spielen beobachten kann. Wenn Sie das Kind auf dem Arm tragen, dann gehen Sie so durch den Raum, dass es den anderen Kindern zugewandt ist. Vielleicht „besuchen“ Sie gemeinsam mit dem Baby die älteren Kinder (z. B. in der Bauecke, in der Puppenecke ...) und schauen ihnen beim Spielen zu. Sagen Sie den anderen Kindern „Hallo“, und lassen Sie auch die anderen Kinder mit dem Baby sprechen. Intuitiv werden Sie und auch die anderen Kinder in der richtigen Tonlage reden und die passende Satzmelodie wählen.

**Hinweis:** Manchmal sollten Sie zwischen jüngeren und älteren Kindern „vermitteln“. Zuweilen neigen (ältere) Kinder dazu, Babys unangemessen zu „bemuttern“. Hier könnten Sie versuchen den älteren Kindern die Gefühle des Babys zu erklären (z. B. „Ich glaube, Marco möchte jetzt nicht auf deinen Arm. Er möchte lieber spielen.“). Beobachtung von Babys („baby-watching“) kann bei älteren Kindern Einfühlungsvermögen und soziales Lernen fördern.

**Die Sprache der Gefühle**
Bereits im ersten Lebensjahr reagiert ein Kind betroffen , wenn ein anderes Kind weint. Hier handelt sich um emotionales „Mitschwingen“, eine frühe Form von „Mitgefühl“.
Spiegeln Sie dem Kind Gefühle, indem Sie z. B. selber traurig gucken/sprechen, wenn das Kind traurig ist oder selber mitlachen, wenn das Kind lacht.

# Wahrnehmen und nachahmen

**Material** *Für die Variation:* Großer Wandspiegel

Beobachten Sie die Signale des Kindes aufmerksam und erspüren Sie, was es ihnen sagen möchte. Ahmen sie den Gesichtsausdruck des Babys nach, werden Sie zum Spiegel für das Kind und fördern Sie damit seine sozial-kommunikative Entwicklung.
Umgekehrt können auch Sie dem Kind etwas vormachen. Die meisten Babys beobachten aufmerksam, was ihr Gegenüber tut und ahmen Mimik und Gestik nach.
*Variation:* Setzen Sie sich mit mehreren Kindern vor einen Spiegel. Machen Sie unterschiedliche Bewegungen vor dem Spiegel oder schneiden Sie Grimassen. Sprechen Sie mit dem Spiegelbild, sodass die Kinder Gesichtsausdruck und Mundbewegungen beobachten und eventuell nachahmen können. Auch Verse, Fingerspiele und Bewegungslieder können vor einem Spiegel gesungen und gespielt werden.

**Hinweis:** Der Psychoanalytiker Lacan spricht von einem „Spiegelstadium", das Kinder zwischen ½ Jahr und 1½ Jahren erreichen. Jetzt entwickelt das Kind zunehmend ein Bild von sich selbst als einem eigenständigen „Ich". Wenn zudem noch andere Personen vor dem Spiegel agieren, kann das Kind zwischen realer Person und Spiegelbild hin und her schauen.

**Spielreuronen – Geheimnis des Mitgefühls**
„Spiegelneuronen" sind spezialisierte Nervenzellen bzw. Gehirnbezirke, die sowohl in Aktion treten, wenn Menschen selber aktiv etwas tun, als auch dann, wenn sie andere Menschen und deren Verhalten beobachten. Bei Babys und Kleinkindern ist Beobachtung und Nachahmung besonders ausgeprägt. Spiegelneuronen helfen, Gefühle anderer einzuschätzen und sich auf sie einzustellen. Sie bilden das Fundament für Einfühlungsvermögen, Mitgefühl, Kommunikation und Sprache.

# Warum weint der Bär? Die Sprache der Gefühle

+2½

**Material:** Teddybär (Handpuppe)
*Für die Variation:* Fotos von Gesichtern

Einfühlungsvermögen gegenüber anderen Menschen (Empathie) entwickelt sich dann am besten, wenn Bezugspersonen den Kindern ihrerseits einfühlsam begegnen und das Gruppenklima emotionale Wärme vermittelt.
Zusätzlich können kleine Spiele die Wahrnehmung von Gefühlen unterstützen.
Spielen Sie mit einem Teddybären (oder einer Handpuppe) verschiedene Gefühlslagen: Lassen Sie den Teddy

- vor Freude lachen und springen,
- vor Schmerz weinen (weil er hingefallen ist),
- sich aus Angst verstecken,
- vor Hunger nach Essen suchen,
- vor Müdigkeit gähnen und quengeln,
- vor Wut stampfen ...

Beobachten Sie, wie die Kinder darauf reagieren. Vielleicht versuchen sie, den weinenden Teddy zu trösten, ihn ins Bett zu legen, ihn zu füttern oder ein Pflaster auf den „verletzten" Arm zu kleben.
*Variation:* Mit älteren Kindern (im 3. Lebensjahr) betrachten Sie im Familienalbum oder in einer Portfolio-Mappe alte Kinderfotos bzw. Fotos von Familienmitgliedern. Weisen Sie auf Mimik/Gestik der Personen hin („da schaust du aber fröhlich, traurig ..."). Auch Fotos in Bilderbüchern, auf Postern oder in Zeitschriften geben Gelegenheit, auf Mimik/Gestik der abgebildeten Personen hinzuweisen.

**Was du mir sagen willst – verstehen und handeln**
Hören Sie genau hin, wenn Ihnen ein Kind etwas erzählt. Nicht alles verstehen Sie gleich, z. B. wenn das Kind noch undeutlich spricht, Wörter vereinfacht, einzelne Buchstaben nicht aussprechen kann. Und doch: versuchen Sie, den Gehalt der Aussage zu erfassen und gehen Sie -dem Verständnis des Kindes entsprechend- darauf ein. Alltägliche Situationen sind relevant für Sprachförderung.

# „La-la-la"- Kleine Unterhaltung

+½

Wer Babys beobachtet stellt fest, dass sie von sich aus Silben, Laute und Laut-Verdoppelungen von sich geben. Diese spielerische Laut- und Silbenbildung dient dem Training der Sprechorgane. Hier findet sich Gelegenheit, mit dem Baby aktiv zu kommunizieren und mit ihm in einen spielerischen Dialog zu kommen (z. B. auf dem Wickeltisch oder beim Anziehen).

Setzen oder stellen Sie sich so vor das Baby, dass es Ihr Gesicht beobachten kann. Wiederholen Sie die Laute/Silben, die das Kind von sich gibt. Vielleicht entsteht eine wechselseitige Unterhaltung. Wiederholten Sie z. B. „da-da-da" ... Sie können die Silben auch erweitern, variieren, mit einfachen Wörtern und Fragen verbinden:„ Ja wo ist denn „da-da-da"?

**Hinweis:** Sprachförderung – z. B. in Form erster kleiner Zwiegespräche zwischen Kind und Bezugsperson – ist dann besonders wirksam, wenn das Kind wach, zufrieden und aufmerksam ist und sich emotional angesprochen fühlt.

# Frage-Antwort-Spiele

+2½

**Material:** Ball

- „Mu, mu, mu, wie heißt du?" Zu dem Spruch rollen Sie einem Kind im Kreis den Ball zu und fragen nach seinem Namen. Der Ball geht reihum, bis alle ihren Namen gesagt haben.
- Stellen Sie eine einfache Fragen aus dem Alltag der Kinder („Was isst du heute zum Frühstück?"). Wieder wird der Ball von Kind zu Kind gerollt. Das Kind, das den Ball mit seinen Händen aufgenommen hat, antwortet. Achten Sie darauf, dass Kinder nicht zur Antwort gedrängt werden. Unterstützen Sie das gefragte Kind ggf. bei der Wortfindung.
- Spielen Sie Farbenraten (ab 3 Jahren). Rollen Sie den Ball zu einem Kind und fragen dabei: „Welche Farbe hat dein Pullover?" Akzeptieren Sie, wenn das Kind die Farbe noch nicht nennen kann oder verwechselt. Andere Kinder können helfen.

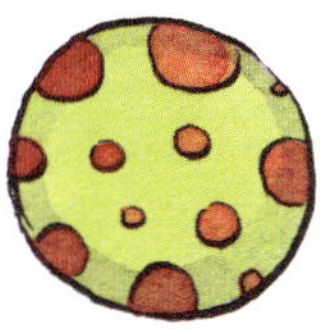

# „Is das?“ – Spiele mit Zeige-Gesten

+1

**Material:** interessante Spielzeuge/Gegenstände
*Für die Variation:* leere Flasche aus Kunststoff

Manchmal verwenden Kinder „Zeige-Gesten“. Sie zeigen auf etwas und wollen die Bezeichnung des Gegenstands wissen („is das?“), oder sie kennen das Wort und versuchen, es auszusprechen („tut-tut“, „Audo“).
Vielleicht sagen Sie als Spielleitung klar und deutlich „Auto“ und knüpfen gleich ein kleines „Hol-Spiel“ an. „Hol mir (bitte) das Auto!“ Schon gegen Ende des 1. Lebensjahres suchen Kinder nach einem Gegenstand, wenn man ihn benennt.
*Variation 1:* Solche Wunsch- oder Hol-Spiele können Sie auch mit älteren Kindern spielen, z. B. im Stuhlkreis. Hier geht es darum, Gegenstände, die im Raum zu sehen sind, nach Aufforderung in den Kreis hinein zu holen und in die Mitte zu legen.
*Variation 2 für Kinder ab 2½ Jahren:* Auch das altbekannte „Flaschendrehen“ kann hilfreich sein. Flasche um die eigene Achse herum auf dem Boden „kreiseln“ lassen. Frage: „Wer holt das Auto?“ Auf welches Kind zeigt der Flaschenhals? Das so gewählte Kind steht auf, holt den genannten Gegenstand

**Hohe Töne – So hören Babys zu!**
Erwachsene und sogar Kinder fallen in eine Art „Singsang“, wenn sie zu Babys sprechen. Sprachwissenschaftler nennen diese instinktgesteuerte Art des Sprechens „Motherese“ oder „Ammensprache“. So schrauben z. B. Erwachsene im Umgang mit Babys intuitiv ihre Stimmlage hoch, sprechen melodisch, betont, langsam und deutlich, wiederholen Wörter und Silben. Diese Form der Ansprache kann vom Kind ideal aufgenommen und verarbeitet werden.

# Wo ist dies und das?

+1½

**Material:** Tuch, Spielzeug

Kinder haben großen Spaß daran, Gegenstände verschwinden und wieder auftauchen zu lassen. Auch sich selber zu verstecken ist schon bei den Kleinsten beliebt. Sprachförderung geschieht spielerisch durch Fragen, Antworten, Gesten und Überraschungseffekte.

- Verstecken Sie ein Spielzeug (z. B. einen Ball) unter einem Tuch. Ziehen Sie anschließend das Tuch wieder weg und sagen: „Ball" oder: „Da ist der Ball". Wiederholen Sie das Spiel mehrfach. Manche Kinder sagen jetzt von sich aus „Ball" oder „daaaaa" und freuen sich sichtlich über das hervorgezauberte Spielzeug.
- Legen Sie das Tuch über verschiedene Körperteile („Wo ist der Fuß?" „Da ist der Fuß!" ... „Wo ist die Hand?").
- Lassen Sie eine kleine Stoffmaus, einen Hund o. Ä. umherlaufen. Die Kinder beobachten die Bewegung des Tiers. Schließlich schlüpft es unter eine Spielzeugkiste. Lassen Sie die Kinder die Maus befreien: „Da ist die Maus!"
- Verstecken Sie nun ein Spielzeug , ohne dass die Kinder gesehen haben, wohin Sie es legen. Fragen Sie z. B. „Wo ist der Teddy?" Lassen Sie die Kinder danach suchen.
- Auch ein Kind kann sich im Raum verstecken (hinter einem Möbelstück, in einem großen Karton) und wieder auftauchen.

**Hinweis:** Erkennt das Kind schon, dass Dinge weiter existieren, auch wenn es sie nicht sichtbar sind? (Dingkonstanz/Objektpermanenz)

# Von früh bis spät

## SPRACHRITUALE ZU ALLTAGSSITUATIONEN

Im Krippenalltag wiederholen sich bestimmte Abläufe zu bestimmten Zeiten immer wieder. Auch Pflegesituationen wiederholen sich jeden Tag aufs Neue: wickeln, waschen, Zähne putzen, Einschlafritual, Mittagsruhe ...

Wiederkehrende Handlungen sind wichtige sinnliche Erfahrungsbereiche. Sie bieten alltägliche Rahmenbedingungen für situationsbezogene (sprachliche) Kommunikation und vermitteln ein Gefühl von Struktur, Sicherheit und Geborgenheit.

## Winke-winke

Spontanes Winken ist ebenso wie das Klatschen eine häufige Ausdrucksform kleiner Kinder, etwa bei Begrüßung und Abschied. Auch im Sitzkreis können sich die Kinder in der Gruppe gegenseitig zuwinken.

| | |
|---|---|
| Hallo, hallo, | *Mit beiden Händen* |
| ich winke dir jetzt zu. | *gleichzeitig winken.* |
| Mal, soooo, | *Nur mit der rechten Hand,* |
| mal soooo, | *nur mit der linken Hand winken.* |
| denn winken | *Mit beiden Händen winken.* |
| macht mich froh. | |

**Aufmerksame Begrüßung**
Jedes Kind sollte am Morgen persönlich begrüßt werden. Eine liebevolle Geste, ein kleiner Dialog (etwa: „Guten Morgen ... Wie hast du geschlafen? Oh, du hast ja eine neue Mütze! Komm, wir sagen der Mama auf Wiedersehen ...“) können den Abschied erleichtern.

## Das große Anziehspiel

**Material:** Kleidungsstücke

Wenn alle Kinder vor dem Gang nach draußen gemeinsam an der Garderobe sind, wird diese Spiel gespielt. Die Spielleitung nennt ein Kleidungsstück, z. B. „Mütze“. Die Kinder suchen schnell das genannte Teil, halten es hoch, winken damit der Erzieherin zu.

*Variation:* Die Erzieherin fragt die Kinder: Wem gehört diese Jacke (Mütze, Schal usw.)? Dazu hebt sie das ausgewählte Kleidungsstück in die Höhe. Der Besitzer oder ein Kind, das weiß wem das Kleidungsstück gehört, meldet sich und nimmt das Teil entgegen.

# Schuhe wechseln

Das Kind sitzt auf der Garderoben-Bank. Je nach Alter kann es beim Aus- bzw. Anziehen der Schuhe mithelfen und den folgenden Reim (teilweise) mitsprechen.

*Text: Brigitte Wilmes-Mielenhausen*

| | |
|---|---|
| Hu, hu, hu, | *Die Spielleitung „bewundert“* |
| das sind schöne Schuh. | *die Schuhe des Kindes.* |
| Doch die Füße wollen raus, | |
| aus ihrem viel zu engen Haus. | *Sie zieht dem Kind den* |
| Erst den rechten Schuh ausziehen, | *rechten und dann den* |
| dann den linken ... | *linken Straßenschuh aus.* |
| Kannst du mit den Füßen winken? | *Füße werden auf und ab bewegt.* |
| Hast du die Pantoffeln schon gesehn? | *Nach den Hausschuhen* |
| Sie müssen gleich dort drüben stehn. | *Ausschau halten.* |
| Und schau, Pantoffeln laufen schnell herbei, | *Die Hausschuhe nehmen,* |
| zu deinen Füßen eins, zwei, drei. | *„herbeilaufen“ lassen.* |
| Sie rufen: | |
| „Füße einsteigen, | *Das Kind steigt in die Hausschuhe,* |
| Pantoffeln zumachen!“ | *die Schuhe werden geschlossen.* |
| Und was dann??? | |
| Füße laufen ganz geschwind, | *Möchte das Kind aufstehen* |
| laufen schneller als der Wind. | *und loslaufen?* |

**Von A–Z in Wörtern baden**
Verbinden Sie alltägliche Handlungen möglichst mit deutlicher Sprache, die Sie vielleicht zusätzlich mit Gesten begleiten (handlungsbegleitetes Sprechen).
Lebensbereiche für Sprach-Anregungen sind z. B. Ankunft/Abschied, An- und Ausziehen, Körperpflege, essen, kuscheln, Haushalt/Garten, Freispiel, Sitzkreis, Bewegungsangebote und Spaziergänge.

# Wer ist heute da?

+1

**Material:** Namensliste der Kinder
*Für die Variation:* Fotos der Kinder

Die Gruppe sitzt zusammen im Morgenkreis. Jedes einzelne Kind soll wahrgenommen und begrüßt werden. Am besten Namensliste der Kinder hinzunehmen.

| | |
|---|---|
| Ist die/der ... (Name des Kindes) da? | *Die Spielleitung singt oder spricht die Frage.* |
| Ja, ja, ja, die/der ... ist heut' da.<br>Drum sind wir froh und singen so<br>Ja, ja, ja, die/der ... ist heut' da. | *Die Kindergruppe antwortet und klatscht dazu.* |

**Hinweis:** Das jeweils begrüßte Kind kann aufstehen und sich im Kreis drehen, verbeugen, um den Sitzkreis herum flitzen usw.

Wenn alle anwesenden Kinder begrüßt wurden, fragt die Spielleitung nach den Namen der Kinder, die heute *nicht* in der Gruppe sind.

| | |
|---|---|
| Ist die/der ... da? | |
| Nein, nein, nein ...<br>drum sind wir heut allein | *Die Spielleitung fragt so lange, bis alle Abwesenden genannt wurden.* |

Zum Schluss wird hinzugefügt:

| | |
|---|---|
| Doch bald, da ist sie/er (sind sie)<br>wieder da, | |
| da rufen wir ganz laut<br>Hurra !!! | *Alle rufen laut, klatschen, patschen oder stampfen mit den Füßen.* |

*Variation:* Die Spielleitung zeigt Fotos von den Kindern und fragt anhand der Fotos „Ist die/der ... da?“

## Aufräumspiel

+1½

**Material:** Wäschekorb oder Pappkarton mit langem Band als Auto,Glocke

„Klingeling, das Aufräum-Auto ist da!“, ruft die Spielleitung. Dazu bimmelt sie mit einer Glocke. Die Kinder dürfen nun das „Auto“ beladen, indem sie Spielsachen, die herumliegen, aufheben und in den Korb/Karton räumen. Dazu nennt die Spielleitung laut die Bezeichnungen für die Dinge („eine Puppe“, „eine Trommel“, „Bausteine“ ...).
Das Auto wird an dem langen Band durch den Raum gezogen. Es hält dort, wo die Sachen hingehören. So wird die Puppe z. B. in die Puppenecke gebracht, die Trommel in die Musikkiste usw.

## Die Bilder-Speisekarte

+2

**Material:** alte Kochbücher oder Zeitschriften, Bilder von essenden Kindern, Schere, Pappe, Klebstoff, Klarsichthüllen, Ordner
*Für die Variation:* Bierdeckel

- Schneiden oder reißen Sie mit älteren Kindern Bilder von Nahrungsmittel aus Zeitschriften aus, z. B. Apfel, Banane, Brötchen/Brot usw. Kleben Sie die Bilder auf Pappkarton und hängen sie die Abbildungen an die Wand.
- Heften Sie Fotos von essenden Kindern an die Wand, z. B. in der Nähe des Essplatzes. Ideal sind Fotos, die in der Kindergruppe selbst gemacht wurden.
- Fotografieren sie hin und wieder zubereitetes Essen. Drucken Sie die Fotos auf ihrem PC aus, packen die Aufnahmen in Klarsichthüllen und heften die Hüllen in einen Ordner. Schon haben Sie eine „Speisekarte“, in der Kinder wie in einem Bilderbuch blättern. Dabei können sie sich an das Essen erinnern, erzählen, Wörter suchen.

*Variation:* Wörterkartenspiel: Fotos von Nahrungsmitten auf Bierdeckel kleben. Bierdeckel umgedreht auf den Tisch legen. Die Kinder können die Karten nacheinander aufdecken und den Begriff für das betreffende Nahrungsmittel nennen.

**Tisch-Gespräche**

Essen bedeutet nicht nur „satt werden". Gemeinsames Essen stärkt die sozialen Bindungen und kann die Kommunikation in der Gruppe fördern. In einfachen Sätzen und unterstützt durch Mimik und Gestik verständigen sich alle am Tisch mit- und untereinander und üben sich in der Rolle des Gesprächspartners.

Vielleicht äußern sich die Kinder über das Essen, vergleichen Nahrungsmittel, bezeichnen Geschirr/Besteck, erzählen wie nebenbei von Erlebnissen des Tages.

Pädagogen sollten geduldig und aufmerksam beobachten, zuhören, verstehen, sich behutsam in die Äußerungen der Kinder mit Kommentaren und Fragen einbringen.

## Eine Windel für die Maus

+½

**Material:** Windel

Sprechen Sie den folgedenden Vers, während Sie die Windel zur Hand nehmen und sie dem Kind umlegen. Bei „wickl-wackel" können Sie das Kind vorsichtig kitzeln/necken.

Eine Windel für die Maus,
eine Windel für die Laus.
Eine Windel für das Kind,
wickel-wackel ganz geschwind!

# Händewaschen

+1½

**Material:** Kinderseife (Flüssigseife)

Die Spielleitung geht mit den Kindern in den Wascharum. Der Wasserhahn wird aufgedreht und die Kinder halten ihre Hände unter das fließende Wasser. Dazu singen sie das Lied von den „schwimmenden Händen“.

*Melodie: Alle meine Entchen; Text: überliefert*

| | |
|---|---|
| Alle meine Hände | *Das Kind hält seine Hände* |
| schwimmen in dem See, | *unter das laufende Wasser und wäscht sie.* |
| schwimmen in dem See, | *Nach dem Abspülen (Untertauchen)* |
| tauchen einmal unter, | *fliegen die* |
| fliegen in die Höh’. | *Hände in „die Höhe“* |

Dann nimmt sich jedes Kind sein Handtuch und trocknet die Hände ab.
Oder wir stellen uns zum Spaß einmal vor, dass kein Handtuch da ist. Der folgende Spruch fordert die Kinder dazu auf, die Hände auszuschütteln.

| | |
|---|---|
| Hände waschen! Hände waschen!... | *Die Kinder waschen die Hände* |
| Sind die Hände endlich sauber, | *mit Wasser und Seife.* |
| ach! Da ist kein Handtuch da. | |
| Deshalb müssen wir sie schütteln, | *Sie schütteln die nassen Hände* |
| schütteln, schütteln, bis die Hände trocken sind. | *in der Luft mehrmals aus.* |

*Variation:* Wiederholen Sie den Text mit anderen Körperteilen (Füße, Kopf, Rücken waschen). So werden Körperwahrnehmung und Begriffsbildung verknüpft.

**Hinweis:** Man kann das Spiel auch nur pantomimisch spielen, z. B. im Sitzkreis.

**Beziehungsvolle Pflege**
Die ungarische Kinderärztin und Expertin für Kleinkinder, Emi Pikler, spricht von „beziehungsvoller Pflege“ (Pikler-Konzept). Selbst wenn wenig Zeit ist, sollte Körperpflege (waschen, wickeln) nicht „nebenbei“ und „auf die Schnelle“ erledigt werden. In der Pflegesituation bekommt das Kind die ungeteilte Aufmerksamkeit der Bezugsperson in einer „Eins-zu-eins-Situation“. Die Bezugsperson sollte mit ihrer Aufmerksamkeit und ihren Gefühlen ganz beim Kind sein.

## Zähneputzen

+2½

**Material:** Kinderzahnbürsten, Zahnpasta, Zahnputz-Uhr (mit Klingelgeräusch), Zahn-Becher

Verteilen Sie die Zahnbürsten und geben Sie jedem Kind ein wenig Zahnpasta darauf. Dann wird die Uhr auf 3 Minuten gestellt. Jetzt heißt es putzen, bis die Uhr klingelt.
Die Spielleitung kommentiert die einzelnen Vorgänge. Sie singt dazu das Zahnputzlied und führt die Bewegungen den Kindern pantomimisch vor.

*Melodie: Wer will fleißige Handwerker seh'n?*
*Text: Brigitte Wilmes-Mielenhausen*

| | |
|---|---|
| Wer will saubere Zähne sehn, | *Bürste kreisen lassen.* |
| der muss mal zum Putzen gehn. | |
| Rundherum, rundherum, | |
| die Bürste, die wird gar nicht krumm. | |
| | |
| Wer will saubere Zähne sehn, | *Bürste auf und ab* |
| der muss mal zum Putzen gehn. | *(von oben nach unten)* |
| Auf und ab, auf und ab, | *bewegen.* |
| die Bürste, die macht gar nicht schlapp. | |
| | |
| Wer will saubere Zähne sehn, | *Hin und her auf den* |
| der muss mal zum Putzen gehn. | *Kauflächen putzen.* |
| Hin und her, hin und her, | |
| das Putzen fällt mir gar nicht schwer. | |
| | |
| Wer will saubere Zähne sehn, | *Mund mit Wasser spülen* |
| der muss mal zum Putzen gehn. | *und ins Becken spucken* |
| Spüle fein, spüle fein, | *(Zahn-Becher).* |
| und jetzt spuck ich ins Waschbecken rein. | *Nachspülen.* |

**Hinweis:** Sie können das Spiel auch pantomimisch im Stuhlkreis spielen. Kinder lernen Wörter wie rundherum, auf und ab, hin und her usw.

## Radfahrer-Spiel

Strampelspiel auf dem Wickeltisch mit nackten Beinen/Füßen.

*Text: überliefert*

Die Maus hat rote Strümpfe an,
damit sie besser radeln kann.
Sie radelt bis nach Dänemark,
denn Radeln macht die Waden stark.

*Legen Sie Ihre Hände an die Fußsohlen des Kindes. Sprechen Sie den Text und drücken Sie die gebeugten Beine des Kindes abwechselnd gegen seinen Bauch.*

**Beruhigender Singsang**
Wiegenlieder klingen auf der ganzen Welt ähnlich. Die Melodien bestehen aus vielen Wiederholungen im gleichbleibend monotonen „Singsang". Verbunden mit ruhigen Schaukelbewegungen und Tragen wirken sie tröstend, beruhigend, einschläfernd. Hier nehmen Sprache, Melodie und Bewegung Einfluss auf die Gefühle des Kindes.

## Unsere Uhr

**Material** *Für die Variation:* Schaukelstuhl, Decke, Hängematte oder Korb

Zur Beruhigung und zum Trost: Das Kind sitzt auf dem Schoß der Bezugsperson oder wird durch den Raum getragen. Dabei wird es in gleichbleibendem Rhythmus gewiegt, während folgender Vers gesprochen wird:

Tick-tack, tick-tack
die große Uhr ist müd und schlapp.
Tick-tack, tick-tack,
ich schaukle dich ganz leis im Takt.

*Variation:* Setzen Sie Sich mit dem Kind auf einen Schaukelstuhl oder schaukeln Sie das Kind in einer Decke (mit zwei Personen), in einer Hängematte oder im Korb.

## Kitzel- und Massagespiele

Das Kind liegt auf dem Rücken auf der Wickelauflage (ältere Kinder sitzen). Wandern Sie mit Ihren Fingern aufwärts zu folgendem Vers:

*Text: überliefert*

| | |
|---|---|
| Geht ein Mann die Treppe rauf, | *Von den Füßen des Kindes Richtung* |
| klopft an, | *Kopf wandern. Sanft an die Stirn klopfen,* |
| bimbam, | *am Ohr zupfen,* |
| guten Tag Herr Nasemann! | *auf die Nase stupsen.* |
| *Variation:* | |
| Eine kleine Schnecke | *Mit den Fingern aufwärts wandern* |
| geht den Berg hinauf. | *(von den Füßen Richtung Kopf),* |
| Und dann wieder runter, | *dann wieder runter,* |
| auf den Bauch, | *am Bauch verweilen und* |
| auf den Bauch. | *das Kind dort sanft kitzeln.* |

## Stille, stille – jetzt will ich schlafen

**Material** *Für die Variation:* Stofftier (z. B. Teddy) oder Handpuppe

Ein Vers zum Abschalten und zur Beruhigung vor dem Mittagsschlaf im Schlafraum oder in der Schlafecke:

*Text: überliefert*

| | |
|---|---|
| Stille, stille, kein Geräusch gemacht. | *Singen oder sprechen Sie betont leise.* |
| Darum seid nur alle still, | *Legen Sie Ihren Finger auf den Mund,* |
| weil ich jetzt gleich schlafen will. | *um „Schweigen" zu signalisieren.* |
| Stille, stille, kein Geräusch gemacht. | |

*Variation:* Lassen Sie das Lied von einem Stofftier (Schlafbär), oder einer Handpuppe singen (Schlafkasper, Sandmännchen).

# Wir sagen: „Auf Wiedersehn"

+10 Monate

**Material:** heller Gong o. Ä.

Vor dem Abholen sitzen oder stehen die Kinder im Kreis und spielen „Uhr“. Singen oder sprechen Sie unten stehenden Text und schlagen Sie bei den markierten Textstellen auf einen Gong oder klatschen Sie einmal in die Hände.

Du Uhr schlägt **bum**,<br>
die Zeit ist **um**.<br>
Das Spiel ist **aus**.<br>
Wir geh‘n nach **Haus**.<br>
Auf Wiedersehn, auf Wiedersehn — *Alle winken*<br>
wir müssen jetzt nach Hause gehn. — *sich gegenseitig zu.*<br>
Die Uhr schlägt bum,<br>
die Zeit ist um.

**Hinweis:** Das Ritual sollte der Auftakt für ein Abschiednehmen von der Bezugsperson in der Kita sein bzw. Signal zur Übergabe des Kindes an seine Eltern.

# Auf den Rhythmus kommt es an

## GERÄUSCHE, MUSIK, FINGERSPIELE, KNIEREITER

Musik in der Krippe sollte man weit gefasst verstehen, d.h. man sollte neben Kinderliedern auch Umwelt-Geräusche, Klänge von Gegenständen, Plappern, Lautieren und spontanen „Singsang“mit einbeziehen. Neben diesem musikalischen Aspekt sind Verse, Fingerspiele und Kniereiter ein wichtiger Teil der täglichen Sprachförderung.

## Der Mund ist zu

+1½

In dem nachfolgenden Spiel lernen die Kinder, ihren Mund zu lokalisieren, ihn kurz mit den Händen zu verschließen und mit den Ohren zu lauschen. Die Kinder sitzen gemeinsam mit der Erzieherin im Kreis und bewegen sich dem Text entsprechend. Ältere Kinder können die Verse auch mitsprechen. Dieses Spiel kann für Stille im Raum sorgen, eine wichtige Voraussetzung für Hören, Sprechen und Musizieren.

| | |
|---|---|
| Mu, mu, mu, | *Sich mit Daumen und Zeigefinger den Mund zuhalten.* |
| der Mund ist zuuuuuu! | |
| Kurze Pause. | |
| Ei, ei, ei, | |
| der Mund ist frei! | *Die Finger vom Mund nehmen und ihn öffnen.* |

## Was tun wir hier im Kreis?

+2½

Alle Kinder sitzen oder stehen im Kreis. Es wird eine Frage gestellt („Was tun wir denn ... ?“). Bei der Antwort sollen spontan Tätigkeiten genannt werden. Sprachschatz und Kreativität sind gefragt.

*Text: überliefert*

| | |
|---|---|
| Was tun wir denn so gerne | *Mit den Armen einen* |
| hier im Kreis, | *Kreis zeigen* |
| was tun wir denn so gerne | *Die Antwort mit Gesten darstellen,* |
| hier im Kreis? | *zunächst klatschen, dann vielleicht* |
| Die erste Antwort wird vorgegeben, | *drehen, springen, essen* |
| z. B. „klatschen, klatschen, pitsche- | *Haare kämmen, kitzeln, schlafen ...* |
| pitsche-patsch, klatschen, klatschen ...“) | |

**Hinweis:** Je nach Tätigkeit kann der Text umgestellt werden, (z.B „essen, essen, mmmm, wie schmeckt das gut ...“

**Signale verwenden!**
Gewöhnen Sie schon die Kleinsten daran, ein bestimmtes Signal mit „Achtung", „zuhören", „bitte Ruhe" zu verbinden. Das kann eine Spieluhr sein, eine helle Klangschale oder ein Glöckchen. Auch wenn Sie einfach in die Hände klatschen und/oder zu singen beginnen, werden viele Kinder aufmerksam.

## Tropf, tropf Wasserhahn

+1½ 

**Material:** Handtrommel, Metallschüssel, Wasserhahn

Drehen Sie einen Wasserhahn so auf, dass er leicht tropft und fangen Sie das Wasser in einer Metallschüssel auf. Alle Kinder lauschen dem tropfenden Wasserhahn. Anschließend spielen Sie das unten stehende Finger-Trommel-Spiel an einem Tisch oder auf dem Boden sitzend:

| | |
|---|---|
| Tropf, tropf Wasserhahn, | *Regelmäßig auf die Trommel tippen.* |
| ich höre dir jetzt zu. | |
| Tropf, tropf, Wasserhahn, | |
| jetzt hab ich endlich Ruh. | *Trommelpause.* |
| Tropf, tropf Wasserhahn, | *Auf die Trommel tippen.* |
| du singst mir jetzt ein Lied. | *Einen beliebigen Rhythmus trommeln.* |
| Tropf, tropf, Wasserhahn, | |
| jetzt werd' ich still und müd'. | *Das Trommeln langsam beenden.* |

**Hinweis:** Wenn keine Handtrommel zur Verfügung steht, kann auch auf den Tisch oder den Boden getrommelt werden.

## Knistertüte oder Flüstertüte?

+2½

**Material:** knisternde Tüte

*Für die Variation:* Pappröhren

Jetzt heißt es Ohren aufsperren. Der Mund hat Pause. Knistern Sie mit einer Tüte. „Was war das?“ Wiederholen Sie das Knistern. Mal ist es lauter, mal leiser. Mal knistert es unter dem Tisch, mal hinter dem Schrank oder unter einem Tuch.

*Variation:* Sprechen oder flüstern Sie durch eine Pappröhre zu den Kindern. Lassen Sie die Wörter von den Kindern wiederholen. Auch die Kinder selbst können durch die Röhre ein Geräusch machen oder etwas sagen.

**Instrumente klingen**

Geben Sie den Kindern einfache Instrumente, z. B. Handtrommel, Klanghölzer, Schellenbänder, Holzblocktrommel, Triangel, Cymbeln, Geräuschdosen, die sie zunächst einfach frei ausprobieren dürfen. Später können die Kinder die Instrumente zu einem Vers oder Lied erklingen lassen. Dabei gibt es kein Richtig oder Falsch. Hauptsache, es macht Spaß.

## Pi-pa-po

+1½

Ein Massage- und Kitzelspiel für Babys, ein Mitmach-Vers für ältere Kinder, wobei jeweils mit Silben-Wiederholungen und einzelnen Körperteilen gespielt wird.

| | |
|---|---|
| „Da-da-da“, sagt Mama.<br>„Na-na-na“, sagt Papa. | Kitzeln/massieren Sie zu den Silben verschiedene Körperteile. |
| „Pi-pa-po“, sagt der Flo. | Bei „Pi-pa-po“ kitzeln Sie das Kind am Bauch oder an der Nasenspitze. |

*Variation:* Die Kinder zeigen zu „Da-da-da“ und „Na-na-na“ abwechselnd die rechte und linke Hand (bzw. den rechten und linken Fuß). Bei „Pi-pa-po“ tippen sie sich selbst mit dem Finger auf die Nase oder den Bauch.

## Ma, Me, Mi ...

$+\frac{1}{2}$

Ein Körper-Spiel mit Silben. Babys liegen, ältere Kinder sitzen.
Auch als Abzähl-Vers für die Großen geeignet.

Ma, me, mi, mo, mu
aus bist du!

*Wenn Sie nur mit einem Kind spielen, dann kitzeln Sie zu „Ma, me, mi ...“ jeweils einen Körperteil. Bei „aus bis du“ kitzeln Sie Bauch, Rücken oder Kopf.*

*Variation 1:* Wenn Sie mit mehreren Kindern spielen (z. B. im Kreis), dann tippen Sie bei jeder Silbe ein anderes Kind an. Was können die Kinder schon mitsprechen?
*Variation 2:* Ältere Kinder benutzen „Ma, me, mi ...“ als Abzählvers. Bei „aus bist du!“ muss das angetippte Kind ausscheiden. Wer bleibt übrig? Derjenige darf sich etwas wünschen, z. B. ein Spiel vorschlagen.

**Laute und Silben wie Musik**
Das Spiel mit Lauten und lautlichen Strukturen hat fast musikalischen Charakter, ist Ausdruck von Wohlbehagen, Spielfreude und Kreativität, ein kinderleichtes Training für Mundmotorik und Sprechwerkzeuge.

## Billi Blümchen

$+1\frac{1}{2}$

Ein Fingerspiel mit ähnlich klingenden Namen, das die Lautunterscheidung und Artikulation fördert. Zeigen Sie nacheinander alle fünf Finger einer Hand und sprechen sie den folgenden Vers dazu:

*Text: Brigitte Wilmes-Mielenhausen*

Der erste heißt Babba.
Der zweite heißt Bobbo.
Der dritte heißt Bubbu.
Der vierte heißt Bienchen.
Der fünfte heißt Billi Blümchen.

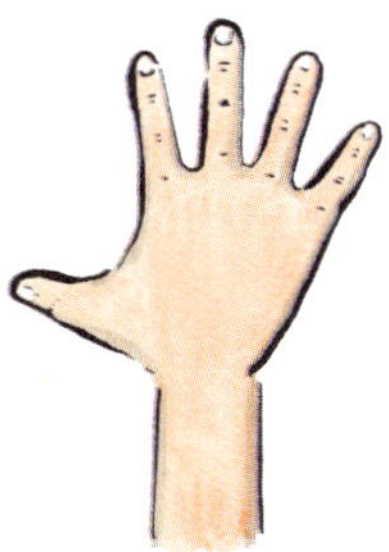

# Wozu ist der Mund da?

$+2\frac{1}{2}$

*Text: Brigitte Wilmes-Mielenhausen*

Ist der Mund zum Pusten da?
Ja, ja, ja.
Der Mund, der ist zum Pusten da.

*Die Spielleitung stellt die Frage, zeigt auf ihren Mund und pustet.*
*Gemeinsam mit den Kindern antwortet sie und fordert die Kinder auf, kräftig zu pusten.*

Ist der Mund zum Husten da ...
Ja, ja, ja.
Der Mund, der ist zum Husten da.
Ist der Mund zum Küssen da?...
Ja, ja, ja.
Der Mund, der ist zum Küssen da.

*Mundbewegung und Geräusch werden jeweils vorgemacht und von den Kindern nachgeahmt: husten,*
*küssen,*

Wozu ist nur die Zunge da?,
Ist sie vielleicht zum Schlecken da?
Ja, ja, ja.
Die Zunge ist zum Schlecken da.

*mit der Zunge schlecken,*

Ist der Mund zum Essen da ...
Ja, ja, ja.
Der Mund, der ist zum Essen da.

*essen/kauen.*

Ist der Mund zum Singen da?...
Ja, ja, ja.
Der Mund, der ist zum Singen da.

*Zum Schluss können spontan Laute/Silben erzeugt bzw. eine einfache Melodie gesungen werden.*

**Hinweis:** Selbst wenn die Kinder noch nicht alle Wörter verstehen, so können sie doch das „ja, ja, ja“ im Chor mitsprechen.

**Kinderlieder, Spiellieder**
Kleine Kinder können einfache Lautfolgen und Melodien selbst erfinden und spontan vor sich hin singen („Spontangesang“). Bei vorgegebenen Liedern singen sie anfangs einzelne Wörter bzw. Satzteile, später das komplette Lied mit. Besonders geeignet sind Spiellieder, da sie Bewegung und Gesang/Sprache verbinden.
Kinder sollten so singen dürfen, wie es ihren Fähigkeiten und spontanen Bedürfnissen entspricht.

## Echo, wo bist du?

+2 1/2

**Material** *Für die Variation:* Kunststoff-Flasche mit breiter Öffnung, Trichter, Dose oder Pappröhre

Rufen Sie ein Wort in den Raum. Die Kinder spielen das Echo und rufen in der Gruppe zurück, z. B. Spielleitung: „Felix!“ – Echo (Kinder): „FELIX!“ Spielleitung: „Auto!“ – Echo (Kinder): „AUTO!“
Vielleicht wählen Sie Wörter, die gerade in der Gruppe bedeutsam sind, z. B. „Regen“, weil es gerade regnet oder „Frühstück“, wenn bald Frühstückszeit ist.
*Variation:* Rufen Sie in eine Flasche mit breiter Öffnung, einen Trichter, eine Dose oder Pappröhre hinein

**Hinweis:** Es kann hilfreich sein, das Kinder-Echo durch einen zweiten Erwachsenen oder ein älteres Kind zu unterstützen.

## Bürsten-Theater

+1 1/2

**Material:** weiche Haarbürste, Kamm (auch andere Bürsten, z. B. saubere Spülbürste, Nagelbürste), Buntpapier, Klebestift, Schere

Kleben oder zeichnen Sie auf die Rückseite einer Bürste ein lachendes Gesicht. Lassen Sie die Bürste beim Wickeln auftauchen und zu dem Kind sprechen. Sie können das Kind mit der Bürste vorsichtig kämmen oder massieren. Dann ist die Bürste wieder weg. Sollen wir sie rufen? Das Spiel verbindet verbale Kommunikation mit Körpererfahrungen.
*Variation für Kinder ab 2 Jahren:* Veranstalten Sie ein „Bürsten-Theater“, indem Sie vor einer Kindergruppe verschiedene Bürsten auftauchen und sprechen lassen (Haarbürste, Küchenbürste, Nagelbürste ...). Vielleicht kommt noch ein Schwamm dazu? Vielleicht ein Topfkratzer?

## Riesen-Ohren

+2½

Die Kinder sitzen im Stuhlkreis oder auf dem Boden. Sie sprechen den Text mit bzw. machen Stimm-Geräusche. An der passenden Stelle wird geschwiegen und gelauscht.

| | |
|---|---|
| Wo sind denn meine Ohren? | *Sich umschauen.* |
| Ach, da sind sie! | *Beide Hände an die Ohren legen.* |
| Ich dachte schon, hab' sie verloren. | |
| Jetzt mach' ich beide Ohren riesengroß. | *Hände schalenförmig hinter die Ohren legen.* |
| Ich hör' die Biene summen, | *Summen.* |
| ich hör' den Wind, | *Pusten.* |
| ich hör' den Vogel, | *Piepsen.* |
| Was hör' ich noch? Ich bin ganz still! | *Eine Hand ans Ohr legen und lauschen.* |
| Ja, meine Ohren riesengroß, | *Hände schalenförmig hinter die Ohren legen.* |
| die hören jede Katze, | *Miauen.* |
| die hören jede Maus, | *Leise piepsen.* |
| die huscht durch unser Haus. | |

**Hinweis:** Machen Sie nach jedem Geräusch eine Pause. Sie können statt Biene oder Wind auch andere Geräusche einbauen, die den Kindern vertraut sind.

## Da ist die Laus

+1

**Material:** eventuell eine Rosine oder kernlose Weintraube als „Laus"

Die Kinder sitzen an einem Tisch. Die Spielleitung verteilt große Rosinen (oder kernlose Weintrauben) an die Kinder.

*Text: Brigitte Wilmes-Mielenhausen*

| | |
|---|---|
| Da ist die Laus, | *Kind hält mit Fingern die Rosine/Traube,* |
| die wohnt in einem Haus. | *legt sie in die andere Hand (schließen).* |
| Da kommt die Maus | *Die verbleibende Hand krabbelt über den Tisch,* |
| und holt die Laus heraus. | *holt die Rosine aus dem Haus.* |

**Fingerspiele fördern Sprache**
Bei Fingerspielen und Versen werden die Fingerbewegungen und Wörter zusammen im Gehirn des Kindes gespeichert und sind später wieder abrufbar. Das Gehirn bekommt motorisch-sprachliche Anregungen, sodass sich neue Nervenverbindungen (Synapsen) bilden können. Fingerspiele haben am Ende oft eine Pointe, die verblüfft und zum Lachen anregt.

## Die kleine Raupe

+2 

**Material:** Taschentuch

Die Spielleitung legt jedem Kind ein Taschentuch auf die Handfläche und führt das Fingerspiel vor, während sie den Vers aufsagt. Die Kinder machen mit.

*Text: Brigitte Wilmes-Mielenhausen*

| | |
|---|---|
| Die kleine Raupe ist nie satt,<br>sie krabbelt auf ein grünes Blatt. | *Mit den Fingern der anderen Hand auf das Taschentuch krabbeln.* |
| Sie frisst und frisst,<br>und wird ganz matt. | *Die Finger bewegen.* |
| Dann schläft sie ein auf ihrem Blatt.<br>Nach vielen Tagen,<br>welch ein Ding, | *Die Finger ruhen lassen.* |
| da wird aus unsrer Raupe<br>ein bunter Schmetterling | *Das Taschentuch wegziehen und als „Schmetterling“ davonfliegen lassen.* |

**Hinweis:** Zeigen Sie den Kindern vor dem Spiel das Bilderbuch: „Die kleine Raupe Nimmersatt“ von Eric Carle.

# Schlaue Zwerge

+2½

*Text: Brigitte Wilmes-Mielenhausen*

| | |
|---|---|
| Zehn schlaue Zwerge<br>steigen auf hohe Berge. | *Zehn Finger zeigen.*<br>*Arme/Beine deuten Bergsteigen an.* |
| Lachen lustig „ha-ha-ha“,<br>singen fröhlich „la-la-la“. | *Hände zum Sprechtrichter formen, „ha-ha-ha“*<br>*und „la-la-la“ tönen.* |
| Oben auf dem Berge<br>rufen sie laut „Zwerge!“ | *Berg mit den Händen zeigen,*<br>*Sprechtrichter!* |
| Das Echo schallt nur „...erge !“<br>Die Zwerge rufen: „Berge, Berge.“ | *Rufe des Echos und der*<br>*Zwerge wiederholen.* |
| Dann wird es ihnen gar zu kalt.<br>Sie steigen ab durch dichten Wald. | *Sich vor frieren schütteln.*<br>*Mit Händen Abstieg vom Berg andeuten.* |
| Dort sprechen sie ganz leise<br>und wandern rum im Kreise. | *Leise flüstern.*<br>*Mit Händen einen Kreis zeigen.* |
| Dann geht es über Wiesen,<br>dort müssen sie laut niesen. | *Mit Händen „gehen“ andeuten,*<br>*laut „Hatschi“ rufen.* |
| Hinter hohen Hecken<br>spielen sie verstecken. | *Arme über den Kopf legen*<br>*und verstecken.* |
| Doch ihre roten Mützen<br>in der Sonne blitzen. | *Hände zur Zipfelmütze zusammenlegen,*<br>*mit Armen Sonnenrund darstellen.* |
| Ruf ihnen zu: „Hab‘ euch gesehn,<br>ihr müsst jetzt schnell nach<br>Hause gehn.“ | *Sprechtrichter formen und*<br>*laut rufen.* |
| Zehn schlaue Zwerge<br>kommen heim vom Berge. | *Zehn Finger zeigen,*<br>*Laufbewegungen mit Händen machen.* |
| Zu Hause gibt's Kuchen vom Bäcker.<br>Die Zwerge freu'n sich:<br>„Lecker, lecker.“ | <br><br>*Den Bauch mit der Hand reiben.* |

## Handschuh-Fingerpuppen

+1

**Material:** alter Fingerhandschuh, Filz- und Wollreste, Schere, Glöckchen, Klebstoff, Nähzeug, Filzstifte

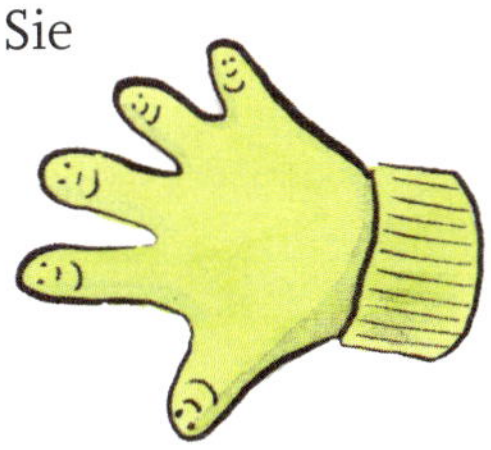

Jeder Finger des Handschuhs bekommt ein Gesicht. Dazu schneiden Sie aus Filz 5 Kreise aus und kleben/nähen sie unterhalb jeder Fingerspitze des Handschuhs fest. Dann zeichnen Sie mit Filzstift auf jeden Kreis ein Gesicht. Sie können zusätzlich jeden Finger noch mit Wollresten (für die Haare) und Glöckchen verzieren.

- Ziehen Sie zu einem bekannten Fingerspiel den Handschuh an (z. B. zu dem bekannten Spiel „Zehn kleine Zappelmänner").
- Lassen Sie die Handschuh-Finger aus einer Handtasche, einem Säckchen, unter einem Tuch oder über die Tischkante auftauchen und wieder verschwinden.
- Entwickeln Sie einen kleinen Dialog: Sprechen Sie die Kinder an, fragen Sie nach ihren Namen, nach Kleidungsstücken oder danach, was sie gerade tun.

## Lappen- und Tütenparty

$+1\frac{1}{2}$

**Material:** Frotteewaschlappen, Filz- bzw. Stoffmalstifte, Stickgarn
*Für die Variation:* Papiertüte

Gestalten Sie auf einem Frotteewaschlappen ein Gesicht (aufmalen oder aufsticken). Das Waschlappen-Gesicht kann beim Wickeln als Puppe auftauchen. Sie können das Gesicht aber auch im Stuhlkreis vor den Kindern auftreten lassen.
*Variation:* Zeichnen Sie auf eine Tüte (Brötchentüte) ein freundliches Gesicht. Stülpen Sie die Tüte über Ihre Hand und lassen Sie die Tüte erzählen.

**Puppen für Hand- und Fingerspiele**
Fingerpuppen sind besonders für die Kleinsten sinnvoll und lassen sich im Tagesablauf ideal mit Fingerspielen kombinieren. Handpuppen, große Stoffpuppen oder ein „Tütenkasper" regen die Kinder zu spontanen Wortäußerungen und kleinen Dialogen an und helfen dabei, eventuelle Sprechhemmungen zu überwinden.

## Auf der Donau woll'n wir fahren

+1½

**Material** *Für die Variation:* langes Seil

Ein Spiel zum Namenlernen – auch einsetzbar auf dem Weg zu einem anderen Spielort oder zum Schlafraum, wobei die Kinder am Ende eine lange Reihe bilden.

*Text: überliefert*

| | |
|---|---|
| Auf der Donau woll'n wir fahren,<br>wo das Schifflein sich dreht.<br>Und das Schifflein heißt (Anna ...)<br>und die Anna muss mit!!! | *Die Spielleitung führt das Schifflein als „Kapitän". Das Kind, das namentlich genannt wird, fährt mit.*<br>*Zum Schluss ist eine lange Reihe (Dampfer mit Passagieren) entstanden.* |

*Variation für Kinder ab 2 Jahren:* Die Kinder fassen – eines nach dem anderen – hintereinander an einem langen Seil an und bewegen sich so vorwärts.

## So reiten die Damen

+1

Das Kind sitzt aufrecht auf Ihrem Schoß. Umfassen Sie den Rumpf des Kindes oder halten Sie das Kind an den Händen, um ihm Sicherheit zu geben.

*Text: überliefert*

| | |
|---|---|
| So reiten die Damen, | *Bewegen Sie Ihre Beine (Knie) langsam auf und ab.* |
| so reiten die Herren, | *Bei „Herren" steigern Sie das Tempo.* |
| so reitet der Bauer, ... | *Bei „Bauer" wird es wild und ungestüm!* |

**Kniereiter-Spiele**
Kniereiter trainieren den Gleichgewichtssinn und fördern die Sprachentwicklung, da einprägsame Verse/Reime mit kurzen, rhythmischen Bewegungen verbunden werden. Bei Kniereiterspielen sitzt das Kind auf dem Schoß des Erwachsenen, wobei dieser meist seine Beine/Knie auf und ab bewegt, sodass das Kind in einem bestimmten Rhythmus mithüpfen kann.

## Autofahren

+1

Das Kind sitzt aufrecht auf Ihrem Schoß. Umfassen Sie den Rumpf des Kindes oder halten Sie das Kind an den Händen.

*Text: Brigitte Wilmes-Mielenhausen*

| | |
|---|---|
| Auto fahren, Auto fahren<br>über Stock und über Stein.<br>Auto fahren, Auto fahren<br>das macht Spaß, das ist fein. | *Bewegen Sie ihre Beine/Knie auf und ab.* |
| Auto fahren, Auto fahren<br>schneller als ein Wirbelwind.<br>Auto fahren, Auto fahren<br>Jetzt geht alles ganz geschwind. | *Steigern Sie eventuell das Tempo.* |
| Doch plötzlich steht da eine Kuh,<br>die macht ganz laut und deutlich „muh“.<br>Da bleibt meine Auto einfach stehn.<br>Ich muss zu Fuß nach Hause gehn. | *Betonen Sie das Wort „Kuh“ und „muh“ – verlangsamen die Bewegungen, halten schließlich an, bis Sie bei „zu Fuß nach Hause“ schnell auf der Stelle laufen.* |

## Die kleine Hex

+1

Das Kind reitet auf Ihrem Schoß.

| | |
|---|---|
| Es reitet die Hex,<br>früh morgens um sechs.<br>Sie fliegt übers Haus,<br>sie will hoch hinaus.<br>Doch dann gegen acht, | *Bewegen Sie Ihre Beine/Knie rhythmisch zum Text.* |
| der Besen, der kracht.<br>Da plumpst sie ins Heu<br>und ruft: „Ei, o wei!“ | *Bei „kracht“ machen Sie ein Geräusch (z. B. „krrrr“), lassen das Kind nach hinten plumpsen (mit Festhalten).* |

# Alle Kinder flitzen

## LAUTE, BEWEGUNGSSPASS UND PUSTESPIELE

Die Sprachentwicklung des Kindes ist kein isolierter Vorgang, sondern steht in enger Verbindung mit anderen Bereichen (z. B. Tasten, Sehen, Hören, Fein- und Grobmotorik). Durch wechselseitige Reize wird die Gehirnentwicklung in den verschiedenen Bereichen gefördert; Sensorik Motorik und Sprachentwicklung sind sozusagen vernetzt. Durch Wahrnehmung und Bewegung werden neue Nervenverbindungen aufgebaut. Sie bilden die Grundlage für viele Denkprozesse und für die Sprachentwicklung.

## Die kleine Biene

**Material:** 4–6 Matten, Tücher

Legen sie Matten aus, die das Bienenhaus darstellen. Aus Tüchern legen Sie eine Blume. Erzählen Sie die folgende Geschichte und lassen Sie die Kinder als Bienen aus dem Bienenhaus fliegen und umherschwirren.

Seht ihr die kleine Biene? Sie ist sehr hungrig. Überall duftet es nach süßem Honig. „Mmmmm“, sagt die Biene.“ Das riecht ja lecker. Da mache ich mich auf den Weg, um die Blume zu suchen.“
Die kleine Biene fliegt aus dem Bienenhaus. Dazu summt sie „Sssssss“. Die anderen Bienen hören das Summen. Sie sagen sich: „Da fliegen wir einfach hinter der kleinen Biene her. Die zeigt uns den Weg zum leckeren Honig.“
Eine Biene nach der anderen fliegt aus dem Bienenhaus (eventuell Namen der Kinder nennen) – immer hinter der kleinen Biene her.
Bald ist überall ein „Ssssss“ zu hören. Dann endlich sehen die Bienen die schöne Blume. Sie setzen sich auf die Blume und fahren ihre Rüssel aus. Damit trinken sie den süßen Honig, als hätten sie einen Strohhalm im Mund: „Mmmm!“
Satt und zufrieden machen sie einen Bienentanz.
*Variation:* Singen Sie ein Lied, z. B. „Summ, summ, Bienchen summ herum“. Die Bienen können auch zu einer Instrumentalmusik tanzen.

**Katzen miauen, Autos tuten**
Kleinkindern machen Laute, Geräusche und lautmalende Wörter großen Spaß. So sprechen sie z. B. von „Ga-Ga“ und meinen damit eine Ente, eine Gans oder einen Schwan. Das Müllauto ist genauso ein „Tut-tut“ wie der Bus oder der PKW. Nutzen Sie die Vorliebe der Kinder für Laute und Geräusche in Sprach- und Bewegungsspielen!

# Bewegungs-Reime für Turnmäuse

Ein Spiel für den Bewegungsraum, etwa am Ende einer Turnstunde. Bei jüngeren Kindern können Sie das Spiel abkürzen und nur wenige Verse auswählen.

*Text: Brigitte Wilmes-Mielenhausen*

Wenn der Tiger turnen geht,
dann hebt er seine Tatzen.
Er schwingt die Beine hin und her.
Was sind denn das für Faxen?

*Die Kinder heben die Arme in die Luft, bewegen die Beine hin und her.*

Wenn der Tiger tanzen geht,
so steht er auf den Zehen.
Er führt die Pfoten in die Luft
und fängt an sich zu drehen.

*Auf die Zehen stellen, Arme über den Kopf führen und um die eigene Achse drehen (kleine Kinder bleiben auf dem ganzen Fuß).*

Wenn der Tiger Schlitten fährt,
dann ist das glatt, o je!
Er rast die Piste steil hinab
und landet meist im Schnee.

*Rennen und hinfallen lassen.*

Wenn der Tiger Fußball spielt,
dann schießt er übers Feld.
Schon rufen alle „Tor, Tor, Tor"
und er ist gleich ein Held.

*Fußballspielen andeuten.*

Wenn der Tiger boxen will,
so schafft er zwei, drei Runden.
Doch meistens wird er ganz schnell müd'
und ist dann schnell verschwunden.

*In die Luft boxen.*

Wenn der Tiger müde ist,
dann macht er eine Pause.
Er legt sich in den Liegestuhl
und trinkt 'ne kühle Brause.
„Prost!"

*Sich müde und entspannt auf die Erde setzen und „Brausetrinken" andeuten.*

# Kasper, Kasper

+2 $\frac{1}{2}$

**Material:** Kasperlefigur (ersatzweise Teddy oder anderes Stofftier)

Ein Spiel, um Verben durch Bewegung darzustellen.
Die Kinder stehen nebeneinander an einer Wand des Raums (im Freigelände kann man eine Schnur als Begrenzung auf die Erde legen). Vor der gegenüberliegenden Wand steht die Spielleitung oder ein älteres Kind mit einer Kasperle-Figur oder einem Teddy.
Die Kindergruppe ruft nun (mit Unterstützung eines Erwachsenen oder gemeinsam mit älteren Kindern): „Hallo Kasper!" Der Kasper antwortet: „Hallo Kinder, kommt mal rüber!" Die Kinder fragen: „Wie denn?" Der Kasper macht Vorschläge: „Ihr sollt rennen." Schon rennen die Kinder los. Wenn die Kinder den Kasper begrüßt haben, geht er schnell auf die gegenüberliegende Seite des Raums, und dann beginnt das Spiel von vorn.
Diesmal sollen die Kinder vielleicht kriechen wie eine Katze, hüpfen, auf dem Bauch rutschen, auf den Knien gehen, tanzen, mit einem Ball in der Hand laufen usw.

## Bitte einsteigen! Fahrzeuge groß und klein

+2

**Material:** Kartons, Bälle
*Für die Variation:* Gummiringe oder Pappteller

Geben Sie jedem Kind einen Pappkarton als „Auto". Das Auto fährt durch den Raum und macht dazu „brr, brr". Soll das Auto wie ein LKW beladen werden? Wir laden Bälle als „Frachtgut" in die Kartons, schieben sie durch den Raum und bringen sie dann in die Garage (einen großen Karton).
*Variation:* Spielen Sie Feuerwehrauto oder Polizei. Die Kinder laufen mit „tatü-tata, tatü-tata" umher. Als „Lenkrad" erhält jedes Kind einen Gummiring oder einen Pappteller.

Wie wäre es mit einer Fahrt in der Eisenbahn? Sie kann mit dem folgenden Spielvers begleitet werden.

*Text: überliefert*

Zug, Zug, Eisenbahn.
Wer will mit nach Frankfurt fahrn'
Frankfurt ist 'ne schöne Stadt,
die auch einen Bahnhof hat ...
Tsch-tsch-tsch-tsch-tsch ...
Zzzzz –Zzzzz–Zzzzz ...

*Die Kinder fassen sich bei den Händen und fahren als „Zug" durch den Raum. Sie können auch ihre Hände auf die Schultern des Vordermannes legen. Dazu geben alle Kinder Geräusche von sich. Sie können die Kinder auch namentlich aufrufen und einsteigen lassen.*

## Eine lange Schlange

+2½

**Material** *Für die Variation:* Musik-CD und CD-Player (o. Ä.)

Alle Kinder fassen sich an und bilden eine lange Schlange. Die Spielleitung oder ein älteres Kindergartenkind führt die Schlange an und beschreibt, wie sich das Tier durch den Raum bewegen soll:

- Die Schlange geht (schlängelt sich) im Kreis um die Stühle herum,
- geht um Tische herum,
- schlängelt sich durch die Tür,
- über den Flur,
- in einen anderen Raum (z. B. Bewegungsraum).
- Sie können nun auch das Tempo variieren (ganz langsam, etwas schneller gehen, rennen ...)
- Sie können verschiedene Hindernisse im Raum verteilen, um die sich die Schlange herumschlängeln muss (Bälle, Kartons usw.).

*Variation:* Spielen Sie eine Bewegungsmusik (instrumental oder mit Text zum Mitsingen).

## Trommel-Spaziergang

+2½

**Material:** Handtrommel

Zunächst lassen Sie die Kinder durcheinander im Raum umhergehen. Dann schlagen sie einmal kräftig auf eine Handtrommel. Dieses Signal bedeutet: „Ganz schnell auf die Erde setzen." Wiederholen Sie dieses Spiel mehrmals, sodass sich die Kinder daran gewöhnen, auf ein Signal zu lauschen und rasch zu reagieren.

*Variation:* Ersetzen Sie die Trommel als Signal durch „Signal-Wörter". Sagen Sie z. B. laut und deutlich: „Wir gehen langsam." Steigern Sie dann: „Wir gehen schneller"... „Wir rennen" ... „Wir gehen wieder langsam" ... „Wir setzen uns auf die Erde" ... „Wir stehen wieder auf"...

**Einmal langsam, einmal schnell: Reaktionsspiele**
Viele Spiele fördern Konzentration, Hörverstehen und schnelle Reaktion. Klänge und Wörter müssen rasch in Bewegung umgesetzt werden. Hier wird die Signal-Funktion von Sprache ganz praktisch im Spiel erfahren. Der rasche Wechsel von Signal und Reaktion macht Kindern meist großen Spaß.

## Das Mäuse-Haus

**Material:** Tisch/Stühle, Decke

Bauen Sie ein Mäusehaus, indem Sie über einen Tisch oder über Stühle eine Decke legen. Die Kinder verstecken sich darunter. Falls Kinder die Dunkelheit nicht mögen, so verzichten Sie auf die Decke. Weitere Möglichkeit: Ältere Kinder bilden einen Kreis um die Kleinen und gestalten so das „Mäusehaus“.

*Text: Brigitte Wilmes-Mielenhausen*

| | |
|---|---|
| Wir öffnen jetzt das Mäusehaus. | *Decke wegziehen bzw. Kreis öffnen.* |
| Die Mäuse huschen zur Tür heraus. | |
| Sie krabbeln kreuz und quer, | *Die Kinder krabbeln im Raum umher.* |
| denn Krabbeln ist nicht schwer. | |
| Kaum schaut die Katze um die Eck’, | *Ein Kind spielt die Katze.* |
| schon laufen alle Mäuse weg. | *Alle Mäuse huschen ins Haus zurück.* |
| Verstecken sich im Mäusehaus, | *Sie schauen zum Fenster raus* |
| schauen nur zum Fenster raus. | *und winken der Katze zu.* |

## Kleine Affen auf Entdeckungstour

**Material:** Möbel/Geräte zum Klettern

In die Geschichte werden spielerisch Präpositionen eingebracht, wie z. B. oben, unten, auf, unter, vor, hinter, drüber, drunter... Auch Verben wie laufen, springen usw. kommen vielleicht vor.

Die Affenkinder laufen und springen im Bewegungsraum oder draußen auf dem Spielgelände umher. Plötzlich gibt die Spielleitung ein Signal (z. B. Trommel) und ruft z. B.: „Alle Affen *auf* die Bäume!“
Schon klettern die Affenkinder auf eine Turnbank oder draußen auf einen Baumstamm. Dann ruft sie z. B. „Alle Affen *unter* die Bäume!“ Schon klettern die Kinder wieder hinunter und legen (hocken) sich auf den Boden. Dann geht es weiter mit: „*Vor* die Bäume und *hinter* die Bäume (vor und hinter einen Turnkasten stellen). Draußen stellen sich die Kinder wirklich vor bzw. hinter einen Baum.

# Das Nachtgespenst

**Material:** dünne Tücher, Gong

Ideal für dieses bewegungsreiche Spiel ist ein großer Raum, in dem die kleinen Gespenster herumwirbeln.

*Text: Brigitte Wilmes-Mielenhausen*

| | |
|---|---|
| Das Nachgespenst ruft:<br>„Huuuu, Huuuu, Huuuu,<br>ich brauche keine Schuh. | *Die Kinder legen sich dünne Tücher über den Kopf oder halten sie in der Hand und winken damit.* |
| Ich fliege durch die Nacht geschwind,<br>ich fliege wie ein kühler Wind.<br>Huuuu, Huuuu, Huuu,<br>ich brauche keine Schuh. | *Die Kinder breiten die Arme aus und bewegen sie, auf und ab.* |
| Ich tanze durch das ganze Haus,<br>ich lache alle Kinder aus.<br>Huuuu, huuuu, huuu,<br>ich brauche keine Schuh. | *Sie gehen, drehen sich, tanzen durch den ganzen Raum.* |
| Dann schlägt die Turmuhr:<br>Bing, bing, bing …<br>„Der Spuk ist aus, ich leg mich hin!<br>Ich mach' die Augen zu,<br>und gönn' mir etwas Ruh!" | *Wenn die Turmuhr schlägt, klatscht die Spielleitung oder ein älteres Kind in die Hände*<br>*oder schlägt auf einen Gong*<br>*Daraufhin legen sich die Kinder auf die Erde und machen die Augen zu.* |

**Bewegungsgeschichten**
Bewegungen, die Sie mit einfachen Sätzen und später mit kurzen Erzählungen, ja kleinen Geschichten begleiten, sind für die Sprachförderung besonders geeignet. Selbst Wörter, die Kinder noch nicht in ihrem Wortschatz haben, können aktiv erlebt und spielerisch gelernt werden.

## Hund, Katze, Vogel

+2

**Material:** Stofftiere oder ein Tier-Memory bzw. ein Bilderbuch mit Tieren

Alle sitzen im Kreis. Die Spielleitung zeigt den Kindern die Abbildung eines Tiers, z. B. auf einer Memory-Karte oder in einem Bilderbuch. Auch ein Stofftier ist als Anschauungsmaterial geeignet.
Anschließend fragt sie z. B: „Wie macht der Hund?“ Die Kinder antworten vielleicht spontan mit „wau-wau“.
Dann fragt die Spielleitung z. B.: „Und wie läuft der Hund?“
Vielleicht beginnen die Kinder jetzt damit, auf allen vieren wie Hunde durch den Raum zu krabbeln.
*Variation:* Je nach Erfahrung und Vorstellungsvermögen der Kinder können andere Tiere gespielt werden: z. B. Katze, Vogel, Ente, Frosch, Esel usw.

## So dreht die Mühle

+2½

Ein Spiel, das Bewegung, Atmung, Lautbildung verbindet. Die Kinder brauchen genügen Platz, um sich drehen zu können (Bewegungsraum, Freigelände).

*Text: Brigitte Wilmes-Mielenhausen*

| | |
|---|---|
| Mühle, Mühle dreh dich im Wind: | *Arme zur Seiten ausbreiten, sich um die* |
| geschwind, geschwind. | *eigene Achse drehen.* |
| Doch plötzlich: O Schreck, | *Plötzlich stehenbleiben.* |
| der Wind, der ist weg. | |
| Kein Flügel sich dreht. | |
| Meine Mühle, sie steht. | |
| Da fällt mir was ein: | *Mehrmals laut pusten.* |
| Ich puste hinein. | *Dreh-Bewegung wieder aufnehmen.* |
| Mühle, Mühle dreh dich im Wind: | |
| geschwind, geschwind, | |

# Seifenblasen

+1½

**Material:** Seifenblasen

Pusten Sie Seifenblasen und lassen Sie die Kinder hinterher krabbeln. Beschreiben Sie mit Worten, was sie gerade tun: „Da fliegt eine Seifenblase... fang sie ... !“ Wie reagieren die Kinder? Ältere Mitspieler können selber pusten.

*Variation für Kinder ab 2 Jahren*: Das folgende Spiel setzt Erfahrungen mit Seifenblasen voraus. Die Kinder sitzen im Kreis. Die Spielleitung spricht den Vers, die Kinder machen die passenden Bewegungen und sprechen vielleicht einzelne Textpassagen mit.

*Text: Brigitte Wilmes-Mielenhausen*

| | |
|---|---|
| Heute mach’ ich Seifenblasen. | *Mit der Hand eine runde Form* |
| Wo? Natürlich auf dem Rasen. | *andeuten.* |
| Puste einmal, zweimal, dreimal | *In die vorgehaltene Hand pusten.* |
| Schon fliegen viele bunte Blasen | *Mit den Fingern viele fliegende Blasen* |
| und landen schließlich auf dem Rasen. | *zeigen und auf der Erde landen lassen.* |
| Doch jetzt packt mich das Abenteuer: | *Eine besonders große Blase* |
| Will eine Seifenblase | *andeuten.* |
| groß wie ein Ungeheuer. | |
| Ich puste nun so fest ich kann | *Besonders stark in die Hand pusten.* |
| Und sieh mal an: | |
| Da steigt vor meiner Nase | *Mit Armen und Händen eine* |
| zum Himmel eine bunte Riesenblase. | *besonders dicke Blase zeigen.* |

**Atmen und pusten**

Bei Bewegungsspielen kommt man ganz schön aus der Puste. Vielleicht legen (ältere) Kinder nach einem turbulenten Spiel ihre Hände auf die Brust/den Bauch und spüren, wie schnell der Atem geht.

Wie wäre es mal mit lautem Atmen und Pusten? Durch Lippen-, Zungen- und Pustespiele werden die Beweglichkeit, Koordinationsfähigkeit und Geschicklichkeit der Lippen und der Zunge verbessert.

# Luftballon

**Material:** Luftballons, großes Tuch

Ein Bewegungsspiel mit Luftballons:

- Bewegung fördert Sprache! Geben Sie den Kindern viele bunte Luftballons, die Sie aufgepustet und gut zugeknotet haben, zum freien Spiel. Vielleicht rennen sie hinterher, werfen sie in die Luft oder spielen Fußball.
- Legen Sie die Luftballons auf ein Tuch. Die Kinder sitzen rundherum, jedes hält einen Zipfel. Erzählen Sie, was sie tun: „Wir heben das Tuch ganz hoch, dann lassen wir es wieder runter … Wir schütteln … Die Ballons fliegen … wir sammeln sie wieder ein“ usw.

*Text: Brigitte Wilmes-Mielenhausen*

| | |
|---|---|
| Jetzt nehme ich aus dem Karton<br>einen bunten Luftballon. | *Nehmen Sie pantomimisch einen Luftballon aus einem „Karton“.* |
| Blas ihn auf („fffff“) mit dicken Backen.<br>Den kriegt wohl kein Wind zu packen. | *Alle bilden mit einer Hand eine Faust und pusten hinein,* |
| „Da hast du aber falsch gedacht!“ –<br>ruft jetzt der Wind und lacht mit Macht. | *lachen laut und deutlich,* |
| Kaum ist fertig der dicke Luftballon,<br>trägt ihn schon der Wind davon. | *zeigen mit beiden Händen einen dicken, runden Luftballon,* |
| Steigt hinauf zum Himmelszelt ,<br>schaut von oben auf die Welt. | *zeigen mit beiden Armen nach oben,* |
| „Gute Reise, Luftballon,<br>grüß die Wolken, flieg davon! | *winken dem Luftballon nach.* |
| Schreib mal eine Urlaubskarte!<br>Denk daran: Ich warte! | |

**Hinweis:** Lassen Sie die Kinder nie unbeaufsichtigt mit Luftballons spielen.

# Rundherum in meiner Welt

## BILDER, SZENEN, RÄTSEL UND GESCHICHTEN

Wer kennt das nicht? Schon die Kleinsten schleppen immer wieder ihr Lieblingsbuch heran, wollen die Bilder betrachten und dazu erzählen. Hier beginnt schon früh die sog. „Literacy-Erziehung". Kinder mit frühen Erfahrungen im Umgang mit Büchern (Bilder, Texte erfassen, Erzählen...) haben längerfristig Entwicklungsvorteile, sowohl im Bereich der Sprachkompetenz als auch beim späteren Lesen und Schreiben.

## Ball, Blume, Hund – na und? +1

**Material:** erstes Bilderbuch mit großen Abbildungen aus der Erfahrungswelt des Kindes (z. B. Teddy, Schuhe, Spieluhr, Apfel, Blume, Schiff, Badeente, Brei, Löffel, Spielzeugauto, Ball etc.) – ohne Text

Schauen Sie die Bilder etwas abseits vom Gruppengeschehen an. Wie wäre es mit Kissen oder einem Sofa? Ein einzelnes Kind kann auf Ihrem Schoß sitzen. Achten Sie beim Anschauen der Bilder auf guten Lichteinfall.

- Lassen Sie zunächst jedes einzelne Bild auf die Kinder wirken. Hören Sie zu, was die Kinder von sich aus zu den Bildern erzählen. Die Allerkleinsten haben Freude daran, mit dem Finger auf das jeweilige Bild zu tippen und das passende Wort zu sagen.
- Vielleicht kommen die Kinder über die Phase des bloßen Benennens hinaus. Gehen Sie auf den genannten Begriff ein, indem Sie ihn in einem Satz wiederholen, kommentieren, umschreiben. „Ja, das ist ein Hund … Der Hund macht wau-wau.“ Ein anderes Kind bemerkt vielleicht: „Da“ und tippt auf das Hundehalsband. Darauf könnten Sie eingehen mit: „Genau, da ist ein Halsband, der Hund trägt ein Halsband.“
- Fragen Sie die Kinder nicht bloß ab. Lassen Sie die Situation so offen wie möglich, dass schafft Sprechanreize für die Kinder.

**Was seh' ich da? – Erste Bilder**
Bilderbuchbetrachtungen gehören zu den wirksamsten Formen der Sprachförderung bei Kleinkindern, vor allem, wenn die Betrachtung als Dialog gestaltet wird. Erste Bücher sollten stabil, handlich, vielleicht sogar abwaschbar sein.
So können sie von den Kleinsten nach Herzenslust herumgeschleppt werden.

## Bilder und Begriffe spielen

+1

Im Anschluss an eine Bildbetrachtung können wir einen der abgebildeten Gegenstände für ein Spiel nutzen.
Ist auf dem Bild z. B.

- ein „Hund“ zu sehen, krabbeln alle wie Hunde, werden wie Hunde gestreichelt.
- eine Spieluhr zu sehen, wird eine reale Spieluhr aufgezogen und ihrem Klang gelauscht.
- ein Apfel zu sehen, wird an einem Apfel geschnuppert.
- ein Ball zu sehen, wird ein Ball über Tisch und Boden gerollt.
- eine Bade-Ente zu sehen, wird eine Ente in einer Schüssel mit Wasser schwimmen gelassen.

So begreifen die Kinder, dass Wörter/Begriffe für reale Gegenstände stehen

**Stöbern fördert Sprache**
Stöbern Sie mit großen und kleinen Kindern in Prospekten und Katalogen (Themen z. B.: Spielzeug, Tiere, Nahrungsmittel, Kleidung, Fahrzeuge). Ältere (Kindergarten)-Kinder schneiden für die Kleinen beliebte Gegenstände aus und kleben sie auf ein großes Blatt. So können die Kleinen Gegenstände wiedererkennen und benennen und auf einem großen Poster „spazieren gehen“.

## Erzähl-Karten

+2

**Material:** Abbildungen aus Zeitschriften/Zeitungen, Fotos, Schere, Klebstoff, Karton oder Bierdeckel

Lassen Sie die Kinder Abbildungen auswählen. Schneiden oder reißen Sie die Bilder aus (ältere Kinder helfen) und kleben Sie die Bilder einzeln auf Bierdeckel oder Pappkarten. Legen Sie die Karten dann umgedreht auf den Tisch. Die Kinder decken eine Karte nach der anderen auf, benennen den Gegenstand und erzählen etwas dazu.

**Hinweis:** Benutzen Sie solche Spiele nicht zum „Abfragen“ bzw. als Training. Die Spielfreude sollte immer im Vordergrund stehen.

## Sehen, raten, sprechen

+2

**Material:** Bilderbuch/Bild, Blatt Papier

Decken Sie eine Bilderbuch-Seite mit einem weißen Blatt Papier vollständig ab.
Das Bild darunter sollte nicht durchschimmern. Jetzt schieben Sie das Blatt ganz langsam Schritt für Schritt zur Seite. Immer mal wieder anhalten und Pause machen.

Erkennen die Kinder das Bild? Was könnte das sein? Es wird so lange geschoben, bis das Bild soweit freigelegt ist, dass die Abbildung erfasst und benannt werden kann (z. B. „Kuh“, „Schwein“, „Trecker“...).
Auf diese Weise können Sie z. B. unübersichtliche „Wimmel-Bücher“ in kleine Abschnitte zergliedern.

**Was geht da vor? – Szenen und Geschichten**
Nach den ersten Elementarbilderbüchern, die meist nur einzelne Gegenstände zeigen, erfreuen sich die Kinder zusehends an Büchern, die Szenen, Situationen, Handlungen abbilden: das Müllauto kommt, der Bauer fährt Heu ein, die Tiere im Zoo werden gefüttert. Neben realistischen Szenen aus dem Alltag freuen sich Kinder auch an komischen Darstellungen/Handlungen und an märchenhaften, fantastischen Geschichten.

## Material-Buch zum Sehen und Tasten

+2½

**Material:** ca. 6 Bögen dicker Pappe (A 4 oder 5), Locher und Kordel. Reste zum Aufkleben: z. B. Fell, Schmirgelpapier, Spiegelfolie, unterschiedliche Stoffe, Wellpappe u. Ä., Tapetenkleister

- Lassen Sie die Kinder die Materialien zunächst einzeln betrachten und befühlen.
- Im Krippen-Atelier können die Kinder Pappen mit Kleister einstreichen und auf jede Papp-Seite ein Material in den Kleister drücken.

- Nach dem Trocknen: Ein Erwachsener locht die Seiten mit einem Locher, fädelt eine Kordel hindurch und verknotet sie locker. Schon ist ein Materialbuch entstanden.
- Lassen Sie die Kinder die Seiten betasten. Vielleicht drücken sie spontan aus, ob das Material für sie angenehm oder unangenehm ist.

**Hinweis:** Bücher sind zum Anfassen und Angucken da. Sie gehören sozusagen ins „Handgepäck". So entwickeln sich Bücher zu „Gebrauchsgegenständen". Der Zugang zum Buch ist besonders hautnah und persönlich, wenn das Buch selbst gestaltet ist.

**Fühlen und sprechen**
Durch Berühren und Tasten bekommt das Kind Informationen über einen Gegenstand (Form, Größe, Gewicht, Oberfläche ...). Die Sprache des Tastsinns ist die früheste aller Sprachen. Nutzen Sie die Vorliebe der Kinder, alles anzufassen und zu untersuchen. Nennen Sie die passenden „Be-Griffe", während das Kind Gegenstände mit den Händen erforscht!

## Mit der Taschenlampe unterwegs

$+2\frac{1}{2}$

**Material:** Taschenlampe

Ein Spiel, um blitzschnell Gegenstände zu erkennen und zu benennen.
Dunkeln Sie vor Spielbeginn den Raum etwas ab.
Schalten Sie nun eine Taschenlampe ein und wandern Sie mit dem Lichtkegel zu einem Möbelstück oder Gegenstand im Raum (z. B. Schrank). Dort lassen sie den Lichtkegel so lange ruhen, bis die Kinder das richtige Wort „Schrank" gerufen haben. Dann wandert der Lichtkegel weiter zum nächsten Gegenstand (vielleicht Schuh eines Mitspielers). Wandern Sie so lange umher, wie die Kinder konzentriert sind und Freude an dem Spiel haben. Möchte auch ein Kind mal die Lampe führen?

*Variation:* Sind die Kinder geübt, so leuchten Sie einen Gegenstand nur ganz kurz an und schalten die Lampe dann schnell wieder aus.

## Sammelkisten

+2

**Material:** Kisten aus Holz oder Kunststoff, eventuell Fotos der Kinder

In vielen Kitas besitzt jedes Kind seine eigene Kiste, die in einem speziellen Regal aufgehoben wird, eventuell mit einem Foto des Kindes oder Symbol darauf zum Wieder- erkennen. In der Kiste werden persönliche Dinge gesammelt, z. B. ein gemaltes Bild, ein Tannenzapfen, eine Muschel aus dem Urlaub, ein Kuscheltier von Zuhause usw.

Holen Sie gemeinsam mit einem Kind oder einer kleinen Gruppe die Kisten ab und zu hervor und stöbern sie gemeinsam. Gesammelte Schätze regen zum Sprechen an. Woher kommt die Muschel? Was ist auf dem gemalten Bild zu sehen?

## Das Wörter-Monster

+3

**Material:** Gegenstände nach Wahl (z. B. Schlüssel, Schuh, Auto)
*Für die Variation:* Handtuch

Die Spielleitung erzählt von einem Monster, das viele Sachen frisst. Danach wird zum Spiel übergeleitet.
Wer möchte Monster sein? Wer setzt sich in die Mitte auf den Boden?
Die Spielleitung fragt das Monster: „Sag, was willst du heute fressen?"
„Schuh", antwortet vielleicht das Monster.
Die Kinder holen einen Schuh und legen ihn vor dem Monster auf den Boden. Das tut so, als würde es fressen.
Das Monster ist noch immer hungrig. „Was möchtest du jetzt fressen?"
Die Kinder erfüllen dem Monster die Wünsche, indem sie den jeweils genannten Gegenstand herbeiholen.

*Variation:* Das Monster bekommt Gegenstände vorgelegt, die mit einem Handtuch abgedeckt sind. Das Monster fasst unter das Handtuch und muss mit den Händen den Gegenstand ertasten und benennen.

## Mini-Pantomime

+2½

**Material:** verschiedene Gegenstände, z. B. ein lustiger Hut, eine Tasse, ein Bilderbuch
*Für die Variation:* Puppe oder Teddy

Spielen Sie den Kindern stumm etwas vor. Die Kinder sollen nun erzählen, was Sie gerade tun. Dabei werden Verben (lesen, essen ...) gebraucht. Wichtig ist, dass Sie selbst nicht sprechen. Sie sollten langsam spielen und längere Pausen machen. Ein zweiter Erwachsener übernimmt die Spielleitung und hilft den Kindern bei der Wortfindung!

Der zweite Erwachsene erzählt den Kindern, dass die spielende Person gerade nicht sprechen kann. Ihre Stimme muss sich ausruhen, Deshalb sollen die Kinder reden. Was macht die Person?
Beginnen Sie mit ganz einfachen Gegenständen und Handlungen:

- Setzen Sie sich stumm einen lustigen Hut auf den Kopf.
- Ziehen Sie sich die Schuhe aus.
- Gießen Sie sich Tee in eine Tasse und trinken.
- Greifen Sie nach einem Bilderbuch und lesen stumm usw.

*Variation:* Statt der erwachsenen Person kann auch ein älteres Kind etwas vormachen. Oder Sie lassen eine Puppe/einen Teddy agieren.

**Was kann das sein?**
Die Umgebung ist voller Rätsel. Mit den Augen sehen, mit den Ohren hören, mit den Händen tasten, die Zunge schmecken, die Nase riechen lassen ... Was könnte das sein? Fragen und kleine Rätsel regen zum Nachdenken an. Da heißt es: überlegen, im Gedächtnis „kramen" und vielleicht eine Antwort finden.

## Erzählsäckchen

**Material:** Stoffäckchen, diverse Figuren bzw. Gegenstände, die zum Geschichten-Erzählen anregen (z. B. Holzfiguren, Naturmaterialien usw.)

Durch geschickte Kombination der Materialien sollen die Kinder in ihrer Phantasie angeregt und zum spontanen Sprechen/Erzählen gebracht werden.

- Füllen Sie zunächst nur wenige Gegenstände in das Säckchen (z. B. einen Hund, eine Katze und eine Kastanie). Nun wird der Inhalt ausgeleert. Auf dem Tisch/Boden liegen die beiden Tiere und die Kastanie.
- Die Kinder versuchen vielleicht, die Tiere mit der Kastanie in Verbindung zu bringen, indem sie z. B. den Hund die Kastanie im Spiel „fressen“ lassen. Oder möchte der Hund damit Fußball spielen? Schon kommt die Katze. Auch sie möchte mit der Kastanie spielen. Jetzt beginnt offensichtlich eine kleine Spiel-Szene, die von den Kindern kommentiert und weiter gesponnen werden kann. Durch Fragen und Anregungen kann die Spielleitung einfühlsam begleiten.

*Variation:* Füllen Sie noch weitere interessante Gegenstände oder Materialien in das Säckchen.

## Das Zaubertuch

**Material:** Schwungtuch oder großes Laken, diverse Gegenstände (z. B. Kochtopf, Kissen, dicker Ball)

Legen Sie einen Gegenstand unter das Tuch. Durch die Form des Tuchs lässt sich der Gegenstand erahnen. Fragen Sie die Kinder: „Was liegt da?“ Sie können alles sagen, was ihnen einfällt. Nun gehen wir der Sache auf den Grund. Wir schleichen uns an und klopfen auf dem versteckten Gegenstand herum, befühlen ihn mit den Händen. Wieder können die Kinder ihre Ideen äußern. Zum Schluss ziehen wir das Tuch ganz vorsichtig weg. Langsam kommt der Gegenstand zum Vorschein.
Wie heißt er?

# Gegensätze fühlen

+2½

**Material:** Kisten, Wannen oder Pappkartons, verschiedene Materialien und Gegenstände (z. B. Watte, Steine, Ton, Stoff, Kleister, Tannenzapfen, Sand, Holzreste, Papier ...)
*Für die Variation:* Eiswürfel, Schnee

Geben Sie zwei unterschiedliche Materialien in eine Fühl-Kiste (z. B. weiche Watte und harte Steine oder weichen Ton und harte Holzstückchen). Lassen Sie die Kinder die Materialien mit den Händen betasten und erfahren. Vielleicht erzählen sie dazu etwas.
Tasten/Greifen wird zum Be-Greifen und schließlich zu einem Begriff.

*Variationen:*

- Geben Sie Eiswürfel oder Schnee in eine Schüssel. Wer möchte mit den Händen das Eis/den Schnee fühlen? Das Eis ist kalt.
- Wie können wir die Hände wieder warm machen?
- Wir lassen warmes Wasser darüber laufen oder wärmen unsere Hände an der Heizung oder an einer Wärmflasche.

**Hinweis:** Schon zwischen 1½ und 2 Jahren verstehen Kinder erste Adjektive. Gegensätze (hoch-tief, laut-leise) können Kinder von sich aus meist erst zwischen 3 und 4 Jahren benennen. Dies bedeutet jedoch nicht, dass Gegensätze nicht schon vorher im Spiel erlebt werden können.

**Minigeschichten für Plappermäulchen**
Fördern Sie die „Erzählkultur“. Sprechen Sie mit den Kindern über alltägliche Erlebnisse (Kita-Alltag, Familie, nähere Umgebung). Erfinden sie kurze „Geschichten“. Veranschaulichen Sie Ihre Erzählung durch ein Bild, eine Handpuppe, durch darstellendes Spiel, passende Gegenstände. Auch ein Reim, ein Lied oder Instrument kann man in eine Geschichte einfügen.

# Reimen und raten

+3

Aufmerksam zuhören und aufgrund der Beschreibung das passende Lösungswort finden, darum geht es bei diesem Spiel. Sprechen Sie den Text. Lassen Sie die Kinder die Tiere erraten!

*Text: Brigitte Wilmes-Mielenhausen*

Welches Tier ist grau und schwer, trägt einen
Rüssel und stampft daher? (Elefant)

Welches Tier braucht viel, viel Zeit,
kriecht ganz langsam, kommt nicht weit? (Schnecke)

Welches Tier kann Lieder singen,
piepen und dir Freude bringen? (Vogel)

Welches Tier hat vier Beine
und läuft an einer langen Leine? (Hund)

Welches Tier trägt eine Mähne,
brüllt ganz laut, hat spitze Zähne? (Löwe)

Welches Tier wühlt fett und keck
in dem allerschönsten Dreck? (Schwein)

Welches Tier schleicht leis‘ durchs Haus,
miaut und schnurrt und fängt die Maus? (Katze)

Welches Tier kann hoppeln, springen
und dir Ostereier bringen? (Oster-Hase)

*Variation:* Erfinden Sie selber Rätsel-Reime, die Sie z. B. in einer Rätsel-Kiste aufheben und häufig wiederholen.

**Hinweis:** Wenn die Lösung nicht kommt, stellen Sie „Schlüssel-Fragen“ (Welches Tier kriecht ganz langsam? Es hat ein Häuschen auf dem Rücken. Es heißt: Sch...). Auch Karten eines Tier-Memorys können helfen.

# Regengeschichte mit Geräuschen

+2½

**Material** *Für die Variation:* Handtrommel, Bongos (bzw. umgedrehte Dosen, Boxen oder Kartons)

Erzählen Sie die Geschichte und machen sie mit den Kindern die passenden Geräusche dazu.

Leonie sitzt allein in ihrem Kinderzimmer. Ihr ist sooooo langweilig.
Keiner ist da, der mit ihr spielt. Plötzlich hört sie ein Geräusch.
Was trommelt gegen die Fensterscheibe? *(Mit den Fingern auf Tischplatte oder Stuhlsitz trommeln.)*
Leonie läuft zum Fenster. (Mit Handflächen patschen).
Dicke Regentropfen fallen vom Himmel, prasseln gegen das Fenster
(Noch einmal mit den Fingern trommeln.)
Dann hört der Regen auf. Leonie sieht, wie Kinder durch den Garten rennen.
„Ich will raus!“, ruft sie. „Wo sind meine Gummistiefel?“
„Dort drüben!“, antwortet die Mutter.
Mit Gummistiefeln und Regelmantel läuft Leonie in den Garten. Die anderen Kinder haben auch Gummistiefel und Regensachen an.
Sie springen in Pfützen, dass es nur so platscht. (Klatschen, patschen.)
Dann fängt der Regen wieder an. (Mit den Fingern trommeln.)
Alle Kinder laufen schnell nach Hause. (Mit Handflächen patschen.)
*Variation:* Spielen Sie mit den Kindern auf Handtrommeln oder Bongos. Zum Abschluss können Sie ein Regenlied singen.

# Wer hat da gerufen?

+2

**Material:** Plüsch-Teddy, Geschirrtuch

Lassen Sie einen Teddy über die Erde oder über den Tisch laufen. Ihre andere Hand verbirgt sich unter einem Tuch. Erzählen Sie die folgende Geschichte:

Ein kleiner Bär geht allein durch den Wald. Weit und breit ist kein anderes Tier zu sehen.
„Keiner da?", fragt der kleine Bär.
Plötzlich ruft eine Stimme: „Wo bin ich? Such mich!" Die Stimme kommt aus einer Höhle.
„Wer hat da gerufen?", fragt der Bär neugierig.
„Ich", antwortet die Stimme. Schon kommt ein Hase aus seiner Höhle hervor und sagt freundlich: „Guten Tag." *(Hand unter dem Tuch hervorschauen lassen.)*
„Wo bin ich?" Such mich!", ruft eine andere Stimme. Sie kommt diesmal oben aus einem Baum. (Arm mit dem Tuch in die Luft heben.)
„Wer bist du und wo steckst du?", fragt der Bär verwundert.
Da guckt ein Vogel aus dem Nest im Baum und zwitschert: „Guten Tag." (Finger unter dem Tuch hervorschauen lassen.)
„Wo bin ich?", ruft wieder jemand. Diesmal kommt die Stimme aus einem Blätterhaufen. (Hand mit dem Tuch auf die Erde legen.)
„Wer bist du?", fragt der Bär. „Zeig dich!"
„Ich sitze hier," antwortet die Stimme. Schon krabbelt ein Käfer unter den Blättern hervor. (Finger krabbeln unter dem Tuch hervor und bewegen sich über den Boden.)

**Hinweis:** Improvisieren Sie die Geschichte weiter. Welche Tiere könnten noch rufen und dann plötzlich (unter dem Tuch) auftauchen?

# Robin weint

+2½ 

**Material** *Für die Variation:* 3 Puppen, Spielzeugauto

Die kurze Geschichte handelt von einem Streit um ein Auto und von einer ungewöhnlichen Lösung.

Dort drüben steht das schöne rote Bobbycar. Robin schaut sich um. Kein anderes Kind in Sicht! „Auto fahren“, sagt er, „Ich will Auto fahren“. Kurz darauf sitzt er auch schon auf dem roten Flitzer, stößt sich mit den Füßen ab und braust wild im Kreis herum. Dazu hupt er und ruft: „Brummm, brumm“ und „Brrrrrr, brrrrrrr!“ Clara springt an die Seite. Bewundernd schaut sie hinter Robin her. Dann fällt ihr ein: Jetzt ist es genug. Robin soll absteigen.
„Ich will!“, ruft sie laut. Sie rennt zum Bobbycar und zieht und zerrt daran. Erschrocken springt Robin ab. Clara nimmt das Auto weg und setzt sich darauf. „Meins!“, ruft sie und fährt davon. Robin weint. „Mein Auto, meins ...“ Er weint so laut, dass Lilli angelaufen kommt. „Warum weinst du?“, fragt Lilli. „Mein Auto, meins“, jammert Robin. Lilli läuft zu Clara, die noch immer mit dem Auto herum braust.
„Stopp!“, ruft sie ganz laut und stellt sich in den Weg, sodass Clara nicht weiterfahren kann. Dann nimmt sie eine Trillerpfeife aus der Hosentasche und pfeift so laut sie kann.
„Stopp“, ruft auch Robin, „die Straße ist gesperrt, alles absteigen.“ Da steigt Clara wieder ab. Robin springt blitzschnell auf das Auto.
„Straße wieder frei!“, ruft Lilli... „Gute Fahrt, Robin!“
*Variation:* Spielen Sie die Szene mit Puppen und einem Spielzeugauto.

**Hinweis:** Das Wort „Stopp“ können die Kinder ganz laut mit rufen. Wer eine Trillerpfeife hat, kann an der passenden Text-Stelle laut pfeifen.

# Das Vogelkind

+2½

Erzählen Sie die folgende Geschichte und machen Sie mit den Händen passende Bewegungen dazu.

„Ich will raus!“, piept das Vogelkind im Vogelnest. „Ich möchte endlich das Fliegen lernen.“

Schon hüpft das junge Vogelkind aus dem Nest, lässt sich auf die Wiese plumpsen.

Dort sitzt es nun, breitet die Flügel aus. Aber wie geht „fliegen“?

Da kommt ein Hund vorbei. „Kannst du mir zeigen, wie man fliegt?“, fragt das Vogelkind.

„Nein!“, knurrt der Hund. „Ich laufe und jage lieber.“ Dann rennt er davon.

Kurz darauf kommt ein Schwein.

„Kannst du mir zeigen, wie man fliegt?“, fragt das Vogelkind.

„Ich fliege nicht. Ich wühle im Dreck“, grunzt das Schwein und wackelt schwerfällig weiter.

Nach einer Weile kommt eine Maus daher.

„Kannst du mir zeigen, wie man fliegt?“, fragt das Vogelkind.

„Ich fliege nicht, ich husche und springe durchs Gras. Guck mal, so ...“ Schon ist die Maus davongesprungen.

Da piept das Vogelkind ganz verzweifelt: „Niemand will mir zeigen, wie man fliegt.“

Das hört die Vogelmutter. So kommt angeflogen und zwitschert: „Ich zeige dir, wie man fliegt!“ Sie breitet ihre Flügel aus und flattert auf der Stelle hin und her.

Das Vogelkind breitet ebenfalls die Flügel aus, macht einen kleinen Hüpfer und noch einen und noch einen und dann ...?

Das Vogelkind fliegt ein kleines Stück hinter der Mutter her.

Hund, Schwein und Maus schauen zu und wundern sich und schütteln die Köpfe ...

**Hinweis:** Suchen Sie in ihrem Lieder-Repertoire nach einem „Vogel-Lied“. Gemeinsames Singen, Klatschen, Bewegen könnten die Geschichte abrunden.

# Henriette will groß sein

**Material** *Für die Variation:* Stühle

Kleine Kinder möchten groß sein. Davon handelt die folgende Hexen-Geschichte. Die Kinder sollen im Laufe der Erzählung noch ergänzen, was große Hexen (Leute) alles können bzw. dürfen. Zur besseren Anschauung zeigen Sie den Kindern vorab das Bild von einer Hexe (z. B. aus einem Märchenbuch).

„Wie schön wäre, es, wenn ich groß wäre“, seufzte die kleine Hexe. „Klein sein ist langweilig. Wenn ich groß wäre, dann könnte ich viele Sachen machen, die kleine Hexen noch nicht dürfen.

Große Hexen hexen den ganzen Tag, ohne sich dauernd zu verhexen.

Große Hexen kennen das Hexenbuch auswendig.

Große Hexen dürfen allein auf dem schnellsten Hexenbesen reiten.

Große Hexen kochen in der Hexenküche Spinnensuppe und andere leckere Sachen.

Große Hexen können Blitz und Donner machen.

Große Hexen können ... (*Die Kinder machen eventuell weitere Vorschläge.*)

Aber es hilft nichts, wenn man jammert. Davon wird man auch nicht schneller groß“, erkannte die kleine Hexe.

Das hörte die weise Oberhexe Aurelia Wackelzahn. „Heute darfst du mal für einen ganzen Tag lang groß sein“, sagte die Oberhexe. Sie klatschte vielmal in die Hände, und plötzlich wurde die kleine Hexe größer und größer, bis sie so groß war wie die anderen großen Hexen.

Da hob Henriette die Arme in die Luft, und schon blitzte und donnerte es am Himmel. „Das macht Spaß“, rief sie.

Dann stieg sie auf den schnellsten Hexenbesen und brauste ums Haus, den halben Tag lang. Am Abend hexte sie sich noch eine Spinnensuppe, einen Krötenpudding und Froscheis. Dann schlief sie müde am Hexenofen ein.

Großsein ist doch ganz schön anstrengend!

*Variation:* Wachsen und Großwerden können die Kinder nachspielen, indem sie sich auf Stühle stellen. „Blitz und Donner“ werden durch Händeklatschen verdeutlicht. Das „Besenreiten“ wird durch rennen/hüpfen durch den Raum gespielt. Auch Essen, Kochen und Schlafen können die Kinder darstellen.

# Der süße Brei

+3

**Material:** Kochtopf und Kochlöffel

Lesen Sie den folgenden Märchentext vor oder erzählen Sie ihn mit eigenen Worten. Stellen Sie einen Kochtopf mit Kochlöffel vor den Kindern auf. Verdeutlichen Sie mit Gesten, wie im Verlauf der Geschichte der Brei kocht und über den Topfrand hinaus läuft ...

*Text: Nach den Gebrüdern Grimm*

Es war einmal ein Mädchen, das wohnte mit seiner Mutter zusammen in einem Haus.
Mutter und Kind hatten großen Hunger. Da ging das Kind in den Wald. Dort traf es eine alte Frau, die schenkte ihm ein Töpfchen.
Das Kind sollte zu dem Töpfchen sagen: „Töpfchen koche". Schon kochte das Töpfchen süßen Brei. Wenn es sagte: Töpfchen steh", so hörte der Topf wieder auf zu kochen.

Das Mädchen brachte den Topf seiner Mutter nach Hause. Jetzt hatten Mutter und Kind genug zu essen. So oft sie wollten, kochte das Töpfchen süßen Brei.
Einmal ging das Kind aus dem Haus. Die Mutter war mit dem Töpfchen allein. Da sagte die Mutter: „Töpfchen koche". Da kochte das Töpfchen.
Die Mutter aß den Brei, bis sie satt war. Dann sollte das Töpfchen wieder aufhören, aber die Mutter wusste das Zauberwort nicht mehr. Also kochte das Töpfchen und kochte und kochte ... Der Brei lief über den Topf hinaus, durch die Küche, durch das ganze Haus, über die Straße ... Die ganze Stadt war voller Brei. Endlich, als nur noch ein einziges Haus aus der ganzen Stadt zu sehen war (alle anderen Häuser waren voller Brei), da kam das Kind nach Hause.
Es sagte das richtige Zauberwort: „Töpfchen steh". Gleich hörte das Töpfchen auf zu kochen ...
Aber die ganze Stadt war voller Brei.
Jeder Mensch, der in die Stadt hinein wollte, musste einen großen Löffel nehmen und sich durch den ganzen Brei durchessen.

# So tun als ob

## ROLLENSPIELE ZU FAMILIEN- UND ALLTAGSTHEMEN

In Rollenspielen ahmt das Kind das nach, was es beobachtet und erlebt hat, und drückt dabei eigene Vorstellungen und Gefühle aus. Es begegnet anderen Kindern in einer „imaginären Welt“. Das Kind begleitet seine Aktivitäten non-verbal mit Blickkontakt, Gestik, Mimik, Lauten und zunehmend auch mit ersten Wörtern. Im gemeinsamen Spiel entsteht die kommunikative Basis für den weiteren Spracherwerb.

# In der Spielküche

+2

**Material:** niedriges Regal, Hocker, Bretter, Kisten/Kartons, Körbchen, Naturmaterialien (z. B. Kastanien, Zapfen), Lebensmittel (z. B. Nudeln), alte Kochtöpfe, Schüsseln, Becher, Rührlöffel, Schöpfkellen, Nachbildungen von Lebensmitteln aus Holz (Obst, Gemüse)

Kinder möchten von sich aus Materialien in Gefäße füllen und wieder ausschütten, mit einem Löffel darin rühren oder mit einer Kelle schöpfen. Neben diesen Funktionsspielen kommt es zu ersten „Als-Ob-Spielen“, die sich oft um die tägliche Nahrungszubereitung und das Essen drehen.

Ein Kind spielt zum Beispiel in der Puppenecke mit Geschirr und Töpfen. Es hat ein Stück Knete auf einen Teller gelegt und reicht ihn der Erzieherin.

Kind: „Da Pissa esse.“

Erzieherin (nimmt den Teller und tut so, als würde sie kosten): „Oh, das ist ja eine leckere Pizza. Möchtest du auch mal probieren?“

Kind: (tut so, als ob er essen würde) „Mmmmmm.“

Erzieherin: „Sollen die Puppen auch mitessen?“

Kind: „Ja, Puppa auch.“ Es holt eine Puppe, füttert sie im Spiel und kommentiert: „Lecker.“

Dann kommt ein anderes Kind hinzu. Dieses Kind bekommt ebenfalls ein Stück Pizza gereicht.

*Variation:* Weitere Möglichkeiten für „Küchen- und Haushaltsspiele“: Tisch decken, Geschirr abwaschen, Puppenwohnung fegen, Staub wischen, Wäsche waschen, Puppe waschen, wickeln, aufs Töpfchen setzen ...

**Material für Als-ob-Spiele**
Kleine Kinder mögen alltägliche Dinge aus dem Umfeld (Kochtöpfe, Rührlöffel, Waage, Telefon ...), die sie oft als interessanter erleben als fertig gekaufte Spielzeuge. Alltagsgegenstände fordern zum Handtieren, Experimentieren und Nachahmen auf.
Beobachten Sie, welche Themen die Kinder interessieren. Entsprechend können Sie den Raum (um)-gestalten und Materialien zur Verfügung stellen.

# Teddy hat Geburtstag

+2

**Material:** Teddybär, Kerze, Streichhölzer, Wasserglas, Hocker, Kisten, Bretter, Tücher, diverse Gegenstände (als Geschenke für Teddy), eventuell altes Papier oder kleine Kartons/Dosen

Wie wäre es mit einer Geburtstagsfeier für Teddy oder für eine Puppe? Sind die Kinder interessiert?
Dann könnte sich ein Spiel entwickeln mit folgenden Handlungsteilen:

- Die Kinder decken einen Tisch (Handtuch über Hocker oder Pappkarton legen).
- Die Erzieherin zündet ein Teelicht an und stellt es in ein Wasserglas.
- Die Kinder stellen das Glas mit der Kerze auf den Geburtstagstisch.
- „Heute hat Teddy Geburtstag. Was wollen wir ihm schenken?“ fragt z. B. die Erzieherin.
- Die Kinder machen Vorschläge: Ente, Ball, Auto …
- Die Geschenke werden zusammengesucht, in Dosen/ Kisten gepackt. Ältere Kinder wickeln sie vielleicht in altes Papier.
- Nun singen alle ein Geburtstagslied und klatschen dazu.
- Dann helfen die Kinder beim Auspacken der Geschenke, nennen noch einmal die Namen der Spielzeuge, die Teddy geschenkt bekommen hat.

Wie könnte sich das Spiel weiter entwickeln?

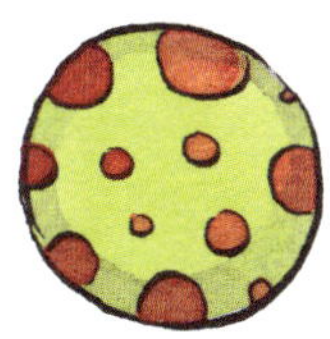

**Hinweis:** Motivation für dieses kleine Rollenspiel könnte ein Kindergeburtstag sein, den die Kinder in der Gruppe oder zu Hause erlebt haben.

**Kommunikation**
Kinder sind zunehmend in der Lage, ihre Aufmerksamkeit sowohl auf einen Gegenstand als auch auf eine Person zu lenken und sich bei der Spielhandlung mit der Person wechselseitig über Blicke, Gesten und Wörter/Satzteile zu verständigen. Seien Sie offen für kommunikative Situationen. Sprechen Sie einzelne Kinder an und/oder lassen Sie sich ansprechen.

## Wir verreisen

+2½

**Material:** kleiner Koffer, Teddy oder Puppe (eventuell 1 großer Koffer für die Kinder), diverse Sachen für die „Reise“, Rollbrett

Schon kleine Kinder verreisen öfters, berichten vielleicht von ersten Erlebnissen im Urlaub, bringen Erinnerungsstücke mit (Steine, Muscheln). Wenn Sie solche Interessen beobachten – z. B. vor oder nach der Urlaubszeit – können Sie ein Spiel anregen.

Bringen Sie einen alten Koffer von zu Hause mit: „Wir verreisen. Was nehmen wir mit?“ Die Kinder zählen Gegenstände und Kleidungsstücke auf, holen sie herbei, packen sie in den Koffer (z. B. Jacke, Mütze, Handtuch, Spielzeuge...).
Jetzt ist der Koffer zu. Wer weiß noch, was drinnen ist?
Dann beginnt die Reise. Fahren wir mit dem Bus? Mit dem Auto? Oder gar mit dem Zug? Die Kinder erzählen von eigenen Erlebnissen.
Zum Schluss wird der Koffer auf einem Rollbrett durch den Raum gerollt. Singen Sie ein Lied von der Eisenbahn oder von einem Auto.
Sie können den Koffer mit den Requisiten später im Freispiel zur Verfügung stellen (z. B. fürs Ein- und Auspacken oder für Rollenspiele).

## Auf dem Spielplatz

+1½

**Material:** langes Brett, Stofftiere, rollendes Spielzeug

Das Brett wird auf einen Stuhl oder Tisch aufgesetzt, sodass eine schräge Ebene entsteht. Dann heißt es: Heute gehen wir mit allen Stofftieren auf den Spielplatz. Nacheinander dürfen sie ein langes, schräg gelegtes Brett hinunterrutschen. Ein Kind stellt das Tier auf das Brett. Rutscht es? Dazu wird laut und deutlich der passenden Begriff genannt, z. B. Hund, Katze, Teddy, Hase, ... Was kann noch rutschen? Auto, Ball, ...?

**Hinweis:** Die Tiere und Gegenstände rutschen viele Male. Auf diese Weise prägen sich Begriffe ein. Einige Kinder sprechen vielleicht die Wörter mit oder nach.

# Verkleiden

+2½

**Material:** Kiste mit alten Kleidungsstücken, verschiedene Tücher, Schals, Hüte, Ketten, Handtaschen usw., großer Spiegel

Überlassen Sie den Kindern (alte) Kleidungsstücke zum freien Spiel. Beobachten Sie, wie sie damit umgehen, vielleicht einen Hut aufprobieren, einen Schal umlegen usw. Betrachten im Spiegel stärkt die Selbstwahrnehmung.
Zudem können sich Kinder untereinander über Gesten und Sprache verständigen. Kleidungsstücke und Zubehör (Handtaschen, Ketten) können zu Requisiten bei „Als-ob-Spielen" und Rollenspielen werden.
*Variation:* Bei Interesse für Kleidungsstücke und Verkleiden bietet sich das folgende Spiellied an. Kinder werden angeregt, sich Kleidungsstücke vorzustellen und nach den passenden Begriffen zu suchen.

| | |
|---|---|
| Jetzt zieht Hampelmann,<br>jetzt zieht Hampelmann<br>sich seine Hose an. | *Die Kinder stehen im Kreis und ziehen sich pantomimisch eine Hose an.* |
| Oh du mein Hampelmann,<br>mein Hampelmann, mein Hampelmann,<br>oh du mein Hampelmann,<br>wie schön, wie schön bist du. | *Bei „oh du mein Hampelmann" klatschen sie, hüpfen und springen. dazu.* |

Fragen Sie die Kinder, was der Hampelmann sonst noch anzieht. Setzen Sie das Bewegungsspiel mit anderen Kleidungsstücken fort („Jetzt zieht Hampelmann sich seine Jacke, Mütze ... an").

## Einkaufen

+2½

Wenn Sie mit den Kindern draußen einen Spaziergang machen, so ergeben sich vielfältige Anlässe für Sprachförderung:

- Wir betrachten die Auslagen in einem Schaufenster und erzählen dazu
- Wir bleiben an einem Marktstand stehen, benennen Obst und Gemüse,
- kaufen vielleicht etwas
- Oder gehen in den Supermarkt, nennen die Namen einiger Lebensmittel, legen Sie in den Einkaufswagen und dann an der Kasse aufs Band, helfen beim Einpacken (in der Kita wird ausgepackt und vielleicht eine Kleinigkeit selbst gekocht)

Aus diesen Erfahrungen können sich „Als-Ob-Spiele“ entwickeln. In einer Spielecke in der Kita gibt es dafür vielleicht eine alte Kasse, dazu Kisten und Bretter, alte Dosen, Verpackungen, Material zum Ein-und Umfüllen (Kastanien, Nüsse...), Imitationen von Lebensmitteln, Schaufeln, Körbchen, ein Mini-Einkaufswagen.

**Hinweis:** Kleine Kinder spielen „themen- und raumübergreifend“. So können auch Materialien aus der Küche, Puppenwohnung, Verkleidungskiste usw. einbezogen werden.

## Aufladen, abladen: Von Autos und Baustellen

+1½

**Material:** Karton, Rollbrett, Wäschekorb, Puppenwagen, Schubkarre, Bausteine, Dosen/Schachteln, Altpapier, Blätter

Kleinkinder lieben Transportspiele. Regen Sie das Kind dazu an, Gegenstände in einen Karton bzw. auf ein Rollbrett zu laden. Auch Wäschekorb, Rutschauto mit Hänger, Buggy und Schubkarre kann man beladen. All die Materialien fördern Experimentierspiele und sprachliche Äußerungen.

**Hinweis:** Fahrzeuge machen Geräusche: „Tut-tut-tut-tut“,... „brrrrr, brrrrr, brrrrr“ – Ermutigen Sie die Kinder, ihr Spiel mit Lautäußerungen zu begleiten!
Auch Präpositionen können beim Fahren und Bauen spielerisch geübt werden: Wir fahren auf der Straße, ... unter einer Brücke durch, ... laden Steine auf den LKW ...

# Tiere wollen fressen

+1½

**Material:** Tiere aus Stoff oder Holz, Schälchen, dicke Perlen, Bausteine, Muscheln, Kastanien
*Für die Variation:* Pappkartons, kurze Latten

Suchen Sie in der Gruppe mit den Kindern Stoff- oder Holztiere zusammen. Jedes Tier soll „Futter“ bekommen. Fragen Sie die Kinder, was ein Hund, eine Katze oder ein Vogel frisst oder trinkt. Suchen sie Materialien zusammen (Kastanien, Nüsse...), die in Schälchen gefüllt und den Tieren angeboten werden.
Gern lassen Kinder Tiere miteinander sprechen. Regen Sie die Laut- und Wortbildung an, indem Sie z. B. „wau-wau“, oder „piep-piep“ sagen. Reagieren die Kinder ebenfalls mit Lautbildung?
*Variation:* Wer baut ein Gehege aus Bausteinen/Latten oder einen Stall aus einem Karton? Überlassen Sie den Kindern die Szene zum freien Spiel!

**Telefonspiele**

Auf kleine Kinder übt Telefonieren eine magische Anziehungskraft aus. Manche gehen zu Hause ans Telefon, melden sich mit „Hallo, wer bist du?“, mischen sich in Telefonate der Eltern ein, experimentieren in unbeobachteten Augenblicken mit Hörer und Tasten. Nutzen Sie das beliebte Instrument „Telefon“ für spielerische Sprachförderung.

## Telefonieren

+1 1/2

**Material:** 1–2 ausrangierte Telefone

*Für die Variation:* Papprөhren, Schläuche

Überlassen Sie den Kindern ein Telefon zum freien Spiel.

Für Babys gibt es Spieltelefone mit bunten Knöpfen und Klingel. Hier sind zunächst Geräusche und Tasten interessant. Ältere Kinder können ausrangierte Telefone der Erwachsenen benutzen. Oft werden erst die Tasten ausprobiert. Dann wird das nachgespielt, was die Großen tun: hineinsprechen!

Sie können in ein solches Spiel „einsteigen“, indem Sie mit einem zweiten Telefon agieren. „Hallo, hallo, Lena ...!“

Mit älteren Kindern können Sie sich richtig unterhalten. So ergeben sich auch Frage-Antwort-Spiele. Regen Sie die Kinder an, sich im Spiel gegenseitig „anzurufen“.

*Variation:* In Papprөhren und Schläuche kann man hinein rufen. Mit einem langen Schlauch kann man „telefonieren“, indem sich ein Kind den Schlauch ans Ohr hält und das andere hineinspricht.

# Ring-ring-Telefon

+2½

**Material:** altes Telefon

Die Kinder sitzen im Kreis. Sprechen Sie den folgenden Text:

| | |
|---|---|
| „Ring, ring“ ruft das Telefon! | *Rufen Sie laut „Ring, ring“,* |
| Das ist der neuste Klingelton. | *greifen (pantomimisch)* |
| Ich greif’ den Hörer | *zum Hörer, legen* |
| horch hinein. | *den Hörer ans Ohr.* |
| Wer ruft mich an? | *Wechseln Sie* |
| Wer kann das sein? | *bei den Namen* |
| Felix? Max? Luise? Klaus? | *das rechte und das linke Ohr.* |
| Oder gar der Nikolaus? | |
| Piep, piep, piep ... oh Schreck, | *Heben Sie ratlos die Hände und schüt-* |
| das Telefongespräch ist weg. | *teln den Kopf.* |
| Kein Wörtchen mehr, kein Ton, | |
| kommt jetzt aus dem Telefon. | |
| „Hallo ... hallo ... “ | *Rufen Sie „Hallo“ in verschiedenen* |
| Na, gut, ihre lieben Leute. | *Tonhöhen und Stimmlagen.* |
| Ich leg’ den Hörer auf ... | *Legen Sie den „Hörer“ geräuschvoll* |
| das war’s für heute. | *auf den Tisch oder die Erde.* |

**Technik regt Sprache an**
Geben Sie den Kindern einen alten Kassettenrecorder zum Hineinsprechen und anschließenden Abhören. Auch ein altes Radio kann spannend sein (Knöpfe bedienen, Geräusche und Sprache wahrnehmen). Ein moderner CD-Player lässt nicht nur Musik erklingen. Es gibt anregende CDs mit Geräuschen, Tönen, Klängen, gesungenen Liedern, zu denen man sich auch bewegen kann. Auch kurze gelesene Geschichten auf Hörkassetten fördern die Sprachentwicklung.

## Spieleregister

**Erläuterung der Symbole:**

- +2 Altersangabe in Jahren
- Einzelbeschäftigung
- Kleingruppe (2–3 Kinder)
- Spielort drinnen
- Großgruppe ab 4 Kinder (max. 12 Kinder)
- Spielort draußen

Im Interesse der besseren Lesbarkeit und weil Frauen in frühpädagogischen Berufen prozentual stärker vertreten sind als Männer, wird in diesem Buch stets die Leserin angesprochen und auch meist die weibliche Form verwendet, wenn von pädagogischen Fachkräften die Rede ist. Selbstverständlich sind damit aber immer Leser und Leserinnen bzw. männliche und weibliche Fachkräfte gleichermaßen gemeint.

FSC®
www.fsc.org
MIX
Paper from responsible sources
FSC® C010798

Korrigierte Neuausgabe 2017


www.herder.de

Umschlaggestaltung: SchwarzwaldMädel, Simonswald
Illustrationen außen und innen: Antje Bohnstedt, Bretten-Sprantal

Satz und Gestaltung: Arnold & Domnick, Leipzig
Herstellung: Graspo CZ, Zlín
Printed in the Czech Republic

ISBN 978-3-451-37769-3

Brigitte Wilmes-Mielenhausen

schlauzwerge

# plappern fragen erzählen

Sprachförderung in der Krippe

Mit Illustrationen von Antje Bohnstedt

HERDER

FREIBURG · BASEL · WIEN